Gustav König
Dr. Martin Luther, der Deutsche Reformator.

SEVERUS Verlag

König, Gustav: Dr. Martin Luther, der Deutsche Reformator. In bildlichen Darstellungen von Gustav König. In geschichtlichen Umrissen von Heinrich Gelzer. 2017
Neuauflage der Ausgabe von 1912
ISBN: 978-3-95801-723-8

Umschlaggestaltung: Annelie Lamers, SEVERUS Verlag

Bibliografische Information der Deutschen Nationalbibliothek: Die Deutsche Nationalbibliothek verzeichnet diese Publikation in der Deutschen Nationalbibliografie; detaillierte bibliografische Daten sind im Internet über https://dnb.de abrufbar.

Der SEVERUS Verlag ist ein Imprint der Bedey & Thoms Media GmbH, Hermannstal 119k, 22119 Hamburg

---

SEVERUS Verlag, 2017
http://www.severus-verlag.de
Gedruckt in Deutschland
Der SEVERUS Verlag übernimmt keine juristische Verantwortung oder irgendeine Haftung für evtl. fehlerhafte Angaben und deren Folgen.

Gustav König

Dr. Martin Luther, der Deutsche Reformator
In bildlichen Darstellungen von Gustav König. In geschichtlichen Umrissen von Heinrich Gelzer.

MIX
Papier aus verantwortungsvollen Quellen
Paper from responsible sources
FSC® C105338

Inhalt

Luthers Jugendjahre 2

Jünglingsjahre 8

Luther an der Wittenberger Universität 22

Luthers beginnender Kampf und dessen weitere
Entwicklung 32

Die neue Kirche in ihren Resultaten 72

Aus Luthers Privatleben 84
   Sein Verhältnis zu seinem Fürsten 84
   Sein Verhältnis zu seinen Freunden 90
   Sein Verhältnis zu seiner Familie 98
   Sein Mut in persönlichen Gefahren 104
Luthers Lebensende 110

I

Luther Geburt. Nachts 11 Uhr, 10. November 1483

Der Künstler führt uns in Luthers Kinderjahre zurück, und zwar hier in die erste Stunde derselben zu Eisleben. Das Kindlein ist geboren, und sein Vater bringt es im Gebete seinem Herrn und Schöpfer dar.

Selbst wenn die Nachricht Konrad Schlüsselburgs: „Luthers Vater habe oft laut und inbrünstig vor dem Bette des Kindes gebetet, daß Gott der Herr diesem seinem Kinde die Gnade verleihen wolle, daß er auch seines Namens „Luther" (d.h. *lauter*, rein) eingedenk die Fortpflanzung der reinen Lehre befördern möchte", – selbst wenn diese Nachricht (die dem Künstler wohl bei seiner Arbeit vorschwebte) unverbürgt und ungegründet sein sollte: so bürgt doch alles, was wir von dem Vater wissen, dafür: seine erste Regung bei der Geburt des Sohnes sei keine andere gewesen, als die hier auf dem Bilde dargestellte.

Rechts an der Wand erblicken wir das Bild des heiligen Martin, welcher dem am St. Martinstage geborenen Knäblein den Namen gab, „welchen Taufnamen (sagt Johann Mathesius) er auch als ein wackerer Streiter und Ritter des Herrn Christi sein Leben lang mit christlichen Ehren behalten und geführt hat"

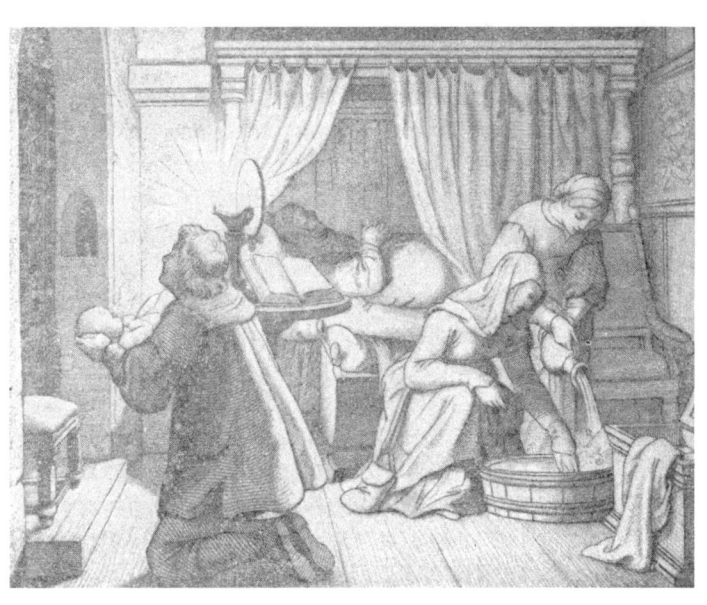

II

Luther wird in dir Schule geführt

Wir treten in die Schule zu Mansfeld, in welche Hans Luther seinen Martin einführt.

Es ist der zweite Schritt ins Leben.

„Hans Luther hat sein getauftes Söhnlein in der Furcht Gottes mit Ehren von seinem wohlgewonnenen Berg gut erzogen, und da es zu seinen vernünftigen Jahren kam, in die lateinische Schule mit herzlichem Gebet gehen lassen, wo das Knäblein seine zehn Gebote, Kinderglauben, Vaterunser neben dem Donat, Kindergrammatik, Cisio Janus und christlichen Gesängen fein fleißig und schleunig gelernet." (*Mathesius.*)

Auch die Rute in der rechten Hand des Schulmeisters hat ihre Bedeutung, wie der weinende Knabe hinter dem Stuhle des Lehrers. An einem einzigen Morgen – so erzählt ja Luther selbst – sei er fünfzehn Mal wacker gestrichen worden. Er klagt darum noch in spätern Jahren: „Wie vor dieser Zeit die Schulmeister gewesen sind, da die Schulen rechte Kerker und Höllen, die Schulmeister aber Tyrannen und Stockmeister waren; denn da wurden die armen Kinder ohne Maß und ohn' alles Aufhören gestäupet, lerneten mit großer Arbeit und unmäßigem Fleiß, doch mit wenigem Nutzen." – „Solche Lehrer und Meister haben wir müssen allenthalben haben, die selbst nichts gekonnt und nichts Guts noch Rechts haben mögen lehren."

III

Luther singt als Kurrentschüler vor der Türe der Frau Ursula Cotta in Eisenach, 1498.

Mir stehen vor dem Hause der Frau Cotta, wo Luther als armer Schüler ums Brot singt. –

„Man spricht (sagt Luther) und ist die Wahrheit: der Papst ist auch ein Schüler gewest; darum verachte mir nicht die Gesellen, die vor der Tür panem propter Deum sagen, und den Brotreigen singen. – Ich bin auch ein solcher Partekenhengst gewest, und habe das Brot vor den Häusern genommen, sonderlich zu Eisenach, in meiner lieben Stadt." –

Niedergeschlagen, vor mehreren Türen abgewiesen, kommt Martin mit seinem Chor endlich vor das gastliche Haus seiner künftigen Pflegemutter, der guten Frau Cotta, „eine andächtige Matrone (wie Mathesius schreibt), die nahm ihn zu sich an ihren Tisch, dieweil sie um seines Singens und herzlichen Gebets willen eine sehnliche Zuneigung zu dem Knaben trug." –

Hier im Hause seiner Pflegerin und Trösterin wurde er mit einer noch höheren Trösterin Vertraut, mit der Musik, der edelsten Erquickung seiner kampfesmüden Seele. Flöte und Lautenspiel hat er im Hause der Frau Cotta gelernt.

IV

Luther entdeckt auf der Erfurter Universitäts-Bibliothek eine lateinische Bibel, 1501.

Aber noch ein höheres Gebiet als die Musik will sich ihm auftun: die Offenbarung Gottes in der Geschichte, die Heilige Schrift. –

Auf der Universität Erfurt findet er zum ersten Male das Buch, welches der Eckstein seiner Taten werden sollte. „Zu einer Zeit (erzählt Mathesius), als er die Bücher in dem Büchersaale der Universität genau nacheinander besiehet, um die guten kennen zu lernen, stößt er auf die lateinische Bibel, die er zuvor die Zeit seines Lebens nie gesehen. Da bemerkt er mit großer Verwunderung, daß viel mehr Text, Episteln und Evangelien drin wären, als man in gemeinen Postillen und in der Kirche auf den Kanzeln pflegt auszulegen. Wie er im Alten Testament sich umsieht, kommt er über Samuels und seiner Mutter Anna Historien; die durchliest er eilend mit herzlicher Lust und Freude. Und weil ihm dies alles neu ist, fängt er an von Grund seines Herzens zu wünschen: unser getreuer Gott wolle ihm dermaleinst auch ein solch Buch zu eigen bescheren."

Es war dies nur der erste flüchtige Blick, den er nach einem Lande warf, das erst später seine Heimat werden sollte. „Als junger Mensch (so berichtet er selbst) sah ich zu Erfurt auf der Universitäts-Bibliothek eine Bibel, und las eine Stelle im Samuel; es war aber Zeit, ich mußte in die Vorlesung; ich hätte gern das ganze Buch durchgelesen; damals aber fand sich die Gelegenheit nicht" –

Der Künstler stellt uns den forschenden Jüngling ganz in seinen großen Fund versunken dar, wie er die Scholastiker (Thomas Aquin) und ihr missverstandenes Haupt (Aristoteles) beiseitelegt.

V

Luthers Freund Alexius wird an seiner Seite auf einer Reise, die sie zusammen machten, vom Blitz erschlagen.

Todesahnungen in schreckender Gestalt treten vor die ernste Seele des jungen Luther; ein Universitätsfreund (Alexius soll er geheißen haben) wird ihm plötzlich erschlagen; ein Gewitter überrascht und schrecket ihn auf einsamer Wanderung. Beide Eindrücke bringen in ihm den Entschluss zur Reife: der Welt zu entfliehen und ganz sich Gott zu weihen.

„Da ihm – erzählt Mathesius – sein guter Freund erstochen wird, und ein großes Wetter und greulicher Donnerschlag ihn hart erschreckt, und er sich ernstlich vor Gottes Zorn und dem jüngsten Gericht entsetzet, beschließt er bei sich selbst und tut ein Gelübde: er wolle ins Kloster gehen, Gott allda dienen und ihn mit Messehalten versöhnen, und die ewige Seligkeit durch klösterliche Heiligkeit erwerben." –

„Hilf, liebe heilige Anna!" – rief er, als der Blitz neben ihm einschlug – „so will ich alsbald ein Mönch werden!" –

Der Künstler folgte mit Absicht der bekannten sagenhaften Darstellung, der zufolge Luthers Freund neben ihm vom Blitze erschlagen worden wäre. So sehen wir nun die beiden mächtigsten Todesmahnungen Luthers, die Leiche des Freundes und den Blitz des Gewitters, zu *einem* Eindrücke auf dem Bilde vereinigt.

VI

Luther tritt ins Kloster der Augustiner Eremiten, 1505.

Das Gelübde wird erfüllt; Luther tritt am Alexistage, 17. Juli 1505 ins Kloster der Augustiner Eremiten zu Erfurt; der Magister wird Mönch. –

„Ich ward – schrieb er später an seinen Vater – ja nicht gern und willig ein Mönch, viel weniger um Mästung des Bauchs willen, sondern als ich mit Schrecken und Angst des Todes eilend umgeben, gelobte ich ein gezwungenes und gedrungenes Gelübde." –

Nur zwei lateinische Dichter, Virgil und Plautus, nun seine einzige Habe, begleiteten ihn in die Klosterzelle; noch im bangen innern Kampfe tritt er über die Schwelle. Wie eine Weissagung dereinstiger Befreiung blickt die Bildsäule seines Ordensheiligen Augustinus auf ihn herab, dessen Wort ihm einst ein Wegweiser zu lebendigem Wasser werden sollte. –

„Ich ging ins Kloster und verließ die Welt, indem ich an mir verzweifelte." – „Ich meinte, Gott nehme sich meiner nicht an; sollte ich in Himmel kommen und selig werden, so würde an mir das meiste liegen." – „Ward auch derohalb ein Mönch, und ließ mir's blutsauer werden." –

VII

Luther wird feierlich zum Priester geweiht.

Der Magister ist Mönch geworden; der Mönch wird nun Priester. Wie zwei Mauern erheben sich Mönchsgelübde und Priesterweihe zwischen Luther und der profanen Welt, zwischen Luther und dem ursprünglichen Evangelium.

Am Sonntage Kantate den 2. Mai 1507 las er die erste Messe. „Es ist ein herrlich Ding gewest – bemerkte er in späterer Zeit – um einen neuen Priester und erste Messe; selig war die Frau, die einen Priester getragen hatte." – „Ein geweiheter Pfaffe war gegen andere getaufte gemeine Christen wie der Morgenstern gegen einen glimmenden Docht."

„Da der glorreiche und in allen seinen Werken heilige Gott – so schrieb Luther wenige Tage vor seiner Weihe an Braun – mich unseligen, ganz und gar unwürdigen Sünder gewürdigt hat, mich so herrlich zu erhöhen und in seinen erhabensten Dienst nur aus seiner reichsten Barmherzigkeit zu rufen: so bin ich allerdings verpflichtet, das mir anvertraute Amt zu übernehmen, um für die Herrlichkeit einer solchen göttlichen Güte, so viel dies wenigstens der Staub vermag, dankbar zu sein."

VIII

Luther in seiner körperlichen und geistigen Selbstquälerei

Aber weder Mönchsgelübde noch Priesterweihe konnten den Frieden in dies geängstete, nach Gott verlangende Herz bringen.

„Ich habe wahrlich – das sind seine eigenen Worte – meine Ordensregel mit großem Fleiß und Eifer gehalten; ich habe mich öfters krank und beinahe zu Tode gefastet." – „Ein schändlicher Verfolger und Totschläger meines eigenen Leibes war ich; denn ich fastete, betete, wachte, machte mich matt und müde über mein Vermögen." – „Wir waren unter solchen Menschensatzungen auferzogen, die uns Christum verdunkelt und in uns ganz unnütz gemacht hatten; ich meinte so durch meine Möncherei genug zu tun." – „Denn ich glaubte nicht an Christum, sondern hielt ihn für nichts anderes denn einen schrecklichen Richter, wie man ihn malte auf dem Regenbogen sitzend."

„Je saurer ich es mir werden ließ, mein Gewissen zufrieden zu stellen durch Fasten, Wachen, Beten, desto weniger Ruhe und Friede ich fühlte; denn das rechte Licht war von meinen Augen weggetan. Je mehr ich den Herrn suchte und meinte ihm näher zu kommen, je weiter ich von ihm kam." –

„In diesem Leben ist kein größerer Jammer und Elend, denn die Schmerzen und Angst eines Herzens, das verlassen ist und keinen Rat oder Trost weiß. Es ist kein schwerer Leiden denn Traurigkeit des Herzens; denn das ist der Tod und die Hölle selbst. Da schließe die Hölle zu und die Hölle auf, wer da kann, auf daß ein solch schwach, betrübtes Herz nicht gar dahin sterbe, wenn es die Sünde fühlet und darüber solche Marter leidet." –

Nichts Äußerliches, nicht das Marterholz, das er umklammerte, nicht die Kasteiungen, womit er sich peinigte, sollten die Sehnsucht seiner Seele stillen.

IX

Luther liegt ohnmächtig, die Bibel in der Hand, in seiner Zelle. Freunde bringen ihn durch Lautenspiel wieder zur Besinnung.

Der Künstler führt uns in Luthers Klosterzelle zu Erfurt; wir sehen den von Seelenkämpfen und Kasteiungen geschwächten Jüngling, wie er, in die Heilige Schrift sich vertiefend, ohnmächtig geworden, sodass die Klosterbrüder nur durch die Macht der Musik ihn zu erwecken vermögen.

Nach Seckendorfs Bericht mag dieser Vorfall wahrscheinlich in Wittenberg stattgefunden haben, wo Luthers Freund Edenberger den Ohnmächtigen durch ein geistliches Lied erweckte, das er mit Chorknaben vor der Türe anstimmte. Der Künstler folgte der bekannteren Annahme, der zufolge dies im Erfurter Kloster vorging; in der Tat ist es sehr wahrscheinlich, dass diese Art der Vertiefung und Erweckung mehr als einmal sich wiederholte. „Denn die Musik – so pries er sie – sei einem betrübten Menschen das beste Labsal, dadurch das Herz wieder zufrieden, erquickt und frisch werde." –

„Ich machte mich (erzählt er von jener Zeit) so vertraut mit der Bibel, daß ich von jedem Spruche wußte, aus welcher Seite, an welcher Stelle er stand. Kein anderes Studium gefiel mir als das der Heiligen Schrift; ich las eifrig darin, prägte sie meinem Gedächtnis ein. Manchmal lag mir ein einziger sinnreicher Spruch den ganzen Tag in Gedanken."

X

Luther, geistig und körperlich ermattet, wird durch den tröstenden Zuspruch eines alten Klosterbruders neu gestärkt.

Aber noch kräftiger, als es die Tonkunst vermag, erquickt ihn das lebendige Wort Gottes aus dem Munde eines Gläubigen. –

„Da schickte ihm Gott – erzählt Mathesius – einen alten Bruder im Kloster zum Beichtvater; der tröstet ihn herzlich und weiset ihn auf die gnädige Vergebung der Sünden, wie sie in dem apostolischen Glaubensbekenntnis verkündigt wird, und lehret ihn aus des heiligen Bernhards Predigten: er müsse für sich selber auch glauben, daß ihm der barmherzige Gott und Vater durch das einige Opfer und Blut seines Sohnes Vergebung aller Sünden erworben habe, und solche durch den heiligen Geist in der apostolischen Kirche im Worte der Absolution verkündigen lasse. Dies ist unserm Doktor ein lebendiger und kräftiger Trost in seinem Herzen gewesen – wie er denn seines Beichtvaters mit großen Ehren oft erwähnet und ihm herzlich gedanket hat.

Seckendorfs Bericht, dass Luther auf dem Krankenbette von dem alten Bruder getröstet wurde, beruht wahrscheinlich auf einer Verwechselung mit einem früheren Falle, wo Luther noch vor seinem Eintritt ins Kloster schwer erkrankt und (nach Mathesius' Erzählung) von einem alten Priester mit den Worten ermutigt wurde: „Mein Bakkalaureus, seid getrost! Ihr werdet auf diesem Lager nicht sterben; unser Gott wird noch einen großen Mann aus Euch machen, der viele Leute wieder trösten wird. Denn wen Gott lieb hat, und wen er zur Seligkeit erziehen will, dem legt er zeitlich das Kreuz auf, in welcher Kreuzesschule geduldige Leute viel lernen" – Doch hatte der Künstler ein gutes Recht dazu, uns Luther auch hier im Kloster als einen Kranken darzustellen; erzählt er ja selber von jenen Zuständen: „In den hohen Anfechtungen, darin ich gewesen, *die meinen Leib gar verzehrten, daß ich nicht wohl Atem hatte,* – konnte mich schier kein Mensch trösten."

Die Kraft des Lebens, die der „*Gemeinschaft* des Glaubens" innewohnt, hat Luther zum ersten Male bei dem Worte jenes Greisen ganz erfahren; es war seine erste Ahnung der wahren, unvergänglichen Kirche.

XI

Luther hält als Bakkalaureus philosophische und theologische Vorlesungen, 1508.

Aus der Klosterzelle tritt der fünfundzwanzigjährige Luther als Lehre in den Hörsaal; die schwerste Zeit der Seelennot ist überwunden das innere Wort der Befreiung ringt nach seinem ersten stammelnde Ausdrucke. –

An die neue Wittenberger Universität berufen (1508), hält er hier zuerst philosophische Vorlesungen (über Aristoteles), dann theologische (übe die Psalmen und den Römerbrief). „Allda legt sich unser Bruder Martin auf die Heilige Schrift, und fängt an in der Hohen Schule zu disputieren wider die Sophisterei, so dieser Zeit allenthalben im Schwange ging."

Unter den Zuhörern in der ersten Reihe erblicken wir den ersten Rektor der Universität Dr. Pollich von Melrichstadt, Leibarzt des Kurfürsten Friedrich und bald auch Doktor der Theologie, von welchem Mathesius meldet „Doktor Mellerstadt, welcher dazumal ein lux mundi (Licht der Welt), d.h. ein Doktor in der Arzenei, Juristerei und klösterlichen Sophisterei, war, konnte des Mönchs Beweise und Schlüsse auch über seinem Tische nicht vergessen. *Der* Mönch, – sagte er oft, wie ich aus seines Bruders Herrn Valtens Munde oftmals gehört habe – *der* Mönch wird alle Doktoren irre machen, und eine neue Lehre aufbringen und die ganze römische Kirche reformieren. Denn er legt sich auf der Propheten und der Apostel Schriften und stehet auf Jesu Christi Wort; das kann keiner weder mit der Philosophie noch Sophisterei umstoßen und niederfechten." – Aus Pollichs Munde führt Luther selbst das Wort an: „Laß' die Doctores Doctores sein; man muß nicht darauf hören, was die heilige Kirche sagt, sondern was die Schrift sagt." –

Zur Rechten Pollichs sitzt Johann Staupitz, Generalvikar des Augustiner Ordens, als solcher Luthers Vorgesetzter, der ihn nach Wittenberg verpflanzt hatte. Ihm gab Luther viele Jahre später (1523) noch das Zeugnis: „Durch Dich ist mir zuerst das Licht des Evangeliums aus der Dunkelheit in meinem Herzen aufgegangen." –

XII

Luther predigt im Kloster vor Staupitz und den anderen Klosterbrüdern, als Vorübung zur Schloss- und Stadtkirche.

Luther der Lehrer soll auch Seelsorger, der Mann der Schule soll auch der Mann der Kirche werden.

Doch willigte er nur ungern und zaghaft in den Wunsch seines väterlichen Freundes Staupitz, dass er predigen solle: „O wie fürchte ich mi vor dem Predigtstuhle! – Es ist keine schlechte (geringe) Sache, an Gottes Statt mit den Leuten reden und ihnen predigen sollen." –

Seine ersten Predigten, bis ihm die Pfarrkirche geöffnet wurde, hielt er in der kleinen, dem Verfalle nahen Kapelle seines Klosters, die nur dreißig Schuh in der Länge und zwanzig in der Breite maß. Sie war, meinte Myconius, dem Stalle zu vergleichen, darin Christus geboren wurde. „Und in diesem elenden Gebäu wollte Gott zu dieser letzten Zeit sein Evangelium predigen und sein liebes Kind Jesum gleichsam aufs neue lassen geboren werden; keine unter so viel Dom- und Pfarrkirchen in der ganzen Welt war damals, welche Gott zu solcher herrlichen Predigt erwählet."

„Da ich ein junger Prediger war – sagt Luther – meinte ich es mit ganzem Ernst, und hätte gern jedermann fromm gemacht." – „Gott hat mich auch also hinein gebracht (wie Moses); hätte ich's zuvor gewußt, Er hätte Mühe bedurft, daß Er mich dahin bracht hätte. Wohlan, weil ich nun habe angefangen, so will ich's mit ihm hinausführen!" –

Vorn sitzt der greise Staupitz unter den Zuhörern, seinem geistlichen Pflegesohn aufmerksam in seiner Ansprache folgend. Er sah die Pflanze gedeihen, die er hatte begießen helfen. –

XIII

Luthers Reise nach Rom, 1511

Ein Gelübde hatte den jungen Luther ins Kloster geführt, ein Gelübde (nebst einem Auftrage seines Klosters) zog ihn nach Rom; im Kloster wie auf der Pilgerfahrt wartete seiner dieselbe schmerzliche Erfahrung: bittere Enttäuschung –

„Im Jahre 1511 – schreibt Mathesius – sendet ihn sein Konvent in des Klosters Geschäften nach Rom, woselbst er den Heiligen Vater, den Papst, und seine goldene Religion und ruchlosen Hofleute sieht. Das hat ihn nachmals sehr gestärkt." –

Als er mit seinem Gefährten Rom erblickte, rief er, die Hände emporhebend: „Sei gegrüßt, du heiliges Rom! ja rechtschaffen heilig von der Märtyrer Blut, das da vergossen ist!" – Über die äußere Erscheinung des Kirchenfürsten: „Rom hat jetzund sein Gepränge; der Papst triumphiert mit hübschen geschmückten Hengsten, die vor ihm herziehen, und er führt das Sakrament auf einem weißen Hengst." –

Mit einem scharfen Stachel in seinem Innern verließ er die „heilige Stadt": „Ich wollte nur wünschen, daß ein jeglicher, der ein Prediger sollte werden, zuvor zu Rom wäre gewest und hätte gesehen, wie es da zugeht." – „Und oftmals (berichtet Mathesius) ließ er sich über Tische vernehmen, er wollte nicht tausend Gulden dafür nehmen, daß er hätte Rom nicht gesehen." – „So hab' ich's, sagt Luther, zu Rom selbst gehört sagen von etlichen Kurtisanen: es ist unmöglich, daß so sollt länger stehn; es muß brechen." – „Papst Julius sprach: wollen wir nicht fromm sein, so laßt uns doch andern Leuten nicht wehren fromm zu sein." – „So hab ich selbs zu Rom gehört sagen: ist eine Hölle, so ist Rom darauf gebaut." – „Rom ist die heiligste Stadt gewesen, aber die allerärgste und schändlichste worden … Wer zu Rom gewest ist, der weiß wohl, daß es leider ärger ist, denn jemand sagen noch glauben mag."

XIV

Luther wird durch Karlstadt mit großer Feierlichkeit zum Doktor der heiligen Schrift kreirt und promoviert.

Luther wird feierlich (18. und 19. Oktober 1512) zu seiner großen Bestimmung als Lehrer seines Volkes und seiner Kirche geweiht; er schwört den Eid als Doktor der heiligen Schrift. –

„Darnach – heißt es bei Mathesius – wird Bruder Martin zum Doktor der heiligen Schrift am St. Lukastage promoviert, und hat allda öffentlich einen teuern Eid zur heiligen Schrift geschworen und zugesagt, dieselbe sein Leben lang zu studieren und zu predigen, und den christlichen Glauben in Gesprächen und Schriften wider alle Ketzer zu vertreten, als ihm Gott helfe."

„Ich aber – ruft er – Doktor Martinus bin dazu berufen und gezwungen, daß ich mußte Doktor werden ohne meinen Dank aus lauter Gehorsam. Da hab ich das Doktoramt müssen annehmen und meiner allerliebsten Heiligen Schrift schwören und geloben, sie treulich und lauter zu predigen und lehren. Über solchem Lehren ist mir das Papsttum in Weg gefallen und hat mir's wollen wehren; darüber ist es ihm auch gegangen, wie vor Augen"

Wie zum Predigen, so hatte er sich auch zum Doktoramt nur mit Mühe von Staupitz überreden lassen. „Diesen Beschluß hielt Dr. Staupitz ihm zu Wittenberg vor unter einem Baume im Kloster, den er mir und andern einst selber gezeigt." – Auf die Einwendungen Luthers erwiderte sein Vorgesetzter: „Es läßt sich an, als ob unser Gott werde bald viel im Himmel und auf Erden zu schaffen bekommen; darum wird er viele junge und arbeitssame Doktoren haben müssen, durch die er seine Händel verrichte; Ihr lebet nun oder sterbet, so bedarf Gott Eurer in seinem Rate." –

Karlstadt stand der Feierlichkeit als theologischer Dekan vor. –

XV

Luther in seinen ihm von Staupitz übertragenen Geschäften als Distriktsvikar des Augustinerordens

Doch sollte zur bereits gewonnenen inneren Ausrüstung die größere Lebenserfahrung, der mannigfaltigere Menschenverkehr hinzukommen. Um diese Zeit nämlich wurde Staupitz in die Niederlande abgesendet. Inzwischen erhielt Luther das Vikariatsamt über die Augustinerklöster und den Befehl, eine Visitation derselben anzustellen. Zu dem Ende zog er von einem Kloster zum andern, half den Schulen auf und vermahnte alle Brüder seines Sprengels, sich zur Bibel zu halten und daneben heilig, friedlich und züchtig zu leben.

In einem Briefe vom 26. Oktober 1516 beschreibt er seinem Freunde Johannes Lange in Erfurt den Umfang seiner damaligen Tätigkeit: „er habe fast zwei Schreiber nötig, da er beinahe den ganzen Tag mit Briefschreiben zubringen müsse. Er sei Prediger des Klosters, Redner (Ekklesiast) bei Tische; täglich solle er in der Gemeinde predigen, zugleich sei er Studienaufseher (regens studii), sei Vikarius, das heiße ein zehnfacher Prior (id est: decies prior), er lese über Paulus und den Psalter, und sei noch außerdem mit Wirtschaftsangelegenheiten beladen." –

Unter der Last dieser Arbeiten für das innere und äußere Wohl der ihm Anbefohlenen, in vielseitiger Seelsorge und ermüdender äußerer Berufspflicht sollte das künftige Haupt der jungen Kirche zum schweren Amte der geistigen Kirchenregierung vorbereitet werden· –

„Es ist groß (sagt Luther), wichtig und viel gelegen am Worte eines Bruders, das zur Zeit der Not und Gefährlichkeit aus heiliger Schrift verkündigt und gesprochen wird" – „Wenn Du also fest glaubst, wie Du mußt, – schreibt er 1516 – so trag die unordentlichen, irrenden Brüder mit Geduld; mach' aus *ihren* Sünden die *Deinen*, und was Du Gutes hast, laß das *ihre sein!*" – „Wenn Du eine Lilie und Rose Christi bist, so wisse, daß Dein Wandel unter Dornen sein muß, und sieh nur zu, daß Du nicht durch Ungeduld, Übermütigkeit oder geheimen Stolz ein Dorn werdest!" –

Schon auf dieser Visitationsreise erfasste ihn sein künftiger Beruf in der innersten Seele; als er im Kloster zu Grimma das Treiben des Ablasspredigers Tezel im benachbarten Wurzen vernahm, rief er entrüstet: „Nun will ich der Pause ein Loch machen, ob Gott will!" – Es war das erste Wetterleuchten, die Verkündigung des kommenden Gewitters – Der Reformator war für sein Werk ausgerüstet.

XVI

Unten: Luther verweigert im Leichtstuhl den auf ihren Ablass pochenden Beichtkindern die Absolution. Links: Tezels Ablasskram – er verbrennt Luthers Schrift. Hauptbild: Luther schlägt die 95 Thesen an. Rechts: Die Wittenberger Studenten verbrennen Tezels Gegensätze.

Anscheinbar begann das größte Werk der neueren Geschichte, an einer Kirchentüre Wittenbergs, in den 95 Sätzen eines deutschen Mönchs. Dieser unscheinbare Anfang ward aber bald zum erweckenden Rufe der Christenheit

„Durch seine vermessenen Reden und Schandworte – erzählt Mathesius – brachte der Ablaßkrämer Tezel unsern Luther in geistlichen Harnisch, so daß er Davids Schleuder und das geistliche Schwert, welches ist ein brünstiges Gebet und das lautere Wort Gottes, zum Schutze nahm, und, auf sein Doktoramt und seinen Eid sich stützend, den Tezel mit seinem römischen Ablaß in Gottes Namen angriff, und getrost lehrte, daß solcher Ablaß ein gefährlicher Betrug sei."

Der Künstler fasst in symbolischer Weise die Kirchentüre zu Wittenberg zugleich als das große Tor der allgemeinen christlichen Kirche, woran Luther mit seinen Thesen mahnend und erschütternd pochte. Über seinem Haupt sehen wir wie im Traumbilde den aus Hussens Flammen erstehenan Schwan. Die Gruppen auf beiden Seiten, die Holzstöße Tezels und der Wittenberger Studenten stellen den schon entbrennenden Kampf dar, dessen verborgene Anfänge wir im unteren Bilde im Beichtstuhle Luthers wahrnehmen.

XVII

Luther vor Cajetan

Zur Verantwortung seiner Lehre tritt Luther vor den päpstlichen Legaten, Kardinal Cajetan in Augsburg; obwohl der Sitte gemäß in ehrfurchtsvoller Haltung auf den Knien, verliert er doch den Mut nicht zur Ablehnung des zugemuteten Widerrufes. Ergrimmt über die Hartnäckigkeit des Deutschen, wirft der Italiener ihm seine Verteidigungsschrift vor die Füße mit den zornigen Worten: „Komm mir nicht wieder unter die Augen, es sei denn, daß du widerrufest!"

„Weil er anstatt des Papstes da saß, – dies sind Luthers Worte – wollte er, daß ich mir alles sollte gefallen lassen, was er redete, und Ja dazu sagen, dagegen ward verachtet und verlachet, was ich dawider aufbrachte, ob ich gleich die Heilige Schrift anführte; kurz, seine väterliche Güte bestand darin, daß ich entweder Gewalt leiden oder widerrufen mußte; denn er sagte, er wollte mit mir nicht disputieren."

Dem Künstler schwebt der Moment vor, wo Luther das vom Kardinal weggeworfene Papier wieder aufnimmt, während sein Freund Staupitz offenbar über den Zorn des Kirchenfürsten in Angst gerät und beide beschwichtigen möchte. Im unteren Bilde verlässt Luther, dem Rate der Freunde folgend, von Staupitz und dem Ratsherrn Langemantel unterstützt, bei Nacht „durch ein klein Pförtlein" die Stadt Augsburg: „Staupitz hatte mir ein Pferd verschafft und gab mir einen alten Ausreuter mit, der die Wege wußte ... Da eilte ich ohne Hosen, Stiefel, Sporn und Schwert, und kam bis gen Wittenberg"

XVIII

Die Leipziger Disputation mit Eck, 1519

In Augsburg hatte Luther dem stolzen *Kirchenfürsten* Rede gestanden, in Leipzig sollte er seinen Glauben vor den *Männern der Schule* im gelehrten Zweikampfe vertreten.

Hier sprach er das entscheidende Wort gegen Dr. Eck: „daß er keinen Menschen, sondern nur Christum selbst für das Haupt der streitenden Kirche anerkenne, auf Grund der heiligen Schrift" – „Denn Luther (sagt Mathesius) als der rechte Simson riß die Säule ein, worauf die Romanisten des Papstes Hoheit gegründet hatten, und sagte: der Text, an den sich Eck lehnte, –"Du bist Petrus, und auf diesen Felsen will ich meine Kirche bauen" – laute nicht von St. Peter, viel minder von seinen Nachfolgern, sondern vom Herrn Jesu Christo, welcher der rechte Fels und Grund sei, auf dem die Christenheit wider alle Pforten der Hölle bestehe." –

Im Saale der Pleißenburg stehen die beiden Hauptkämpfer Luther und Eck sich gegenüber, jener kühn angreifend und eindringend, dieser gewandt abwehrend und schlau zu weiteren Folgerungen lockend. Zur Seite Luthers sitzt der jugendliche Melanchthon in stillem bangen Sinnen, während der beweglichere Karlstadt in Büchern Hilfe für sein schwaches Gedächtnis sucht. Inmitten des Saales hört Herzog Georg von Sachsen aufmerksam den Streitern zu, bis er bei Luthers Worte – „daß auch einige Artikel des Huß und der Böhmen ganz christlich und evangelisch seien" – unwillig und verwünschend rief: „Das walt die Sucht!",– Zu seinen Füßen sitzt sein einäugiger Narr, den Dr. Eck wild anstarrend. Der Künstler und der Dichter bringen gern, von Sage und Geschichte belehrt, zwischen tief ergreifenden Ernst einen heitern Zug menschlicher Torheit, zwischen die Kämpfer der Kirche den Hofnarren des Fürsten.

XIX

Luther verbrennt die päpstliche Bannbulle, 1520.

Weder die Kardinäle noch die Doktoren, weder Unterhandlungen noch Disputationen vermochten den Streit zu schlichten; es kam zum Bruche. Rom verurteilte den Wittenbergischen Doktor; der Doktor erklärte feierlich das römische Urteil für nichtig; er verbrannte die Verdammungsbulle des Papstes.

„Als aber die von Löwen und andern Universitäten, Klöster und Bischöfe Luthers Bücher mit rotem Feuer angriffen, wie der Papst zu Rom solches Feuer angeschürt und nun darein geblasen hatte, geriet der Geist Gottes auch über diesen andern Simson. Der ließ am 10. Dezember zu Wittenberg vor dem Elstertore wieder ein großes Feuer anschüren, darein er des Papstes Dekretalen samt Leo des Zehnten Bulle selber warf mit diesen Worten: Weil du gottlos Buch den Heiligen des Herrn betrübet oder geschändet hast, so betrübe und verzehre dich das ewige Feuer!" – (Mathesius).

XX

Luthers Empfang in Worms, 1521

Aus der stillen Zelle seines Klosters, aus den Hörsälen der studierenden Jugend, aus der Mitte seiner mächtig erregten Gemeine wird Luther auf einen noch größeren Kampfplatz geführt: *ganz Deutschland blickt auf ihn* wie auf keinen andern. Der Mönch, der Prediger und Lehrer zu Wittenberg ist *der Mann der deutschen Nation* geworden.

Darum stellt ihn der Künstler hier in die Mitte seines Volkes, das den Mann, auf den es hofft, freudig begrüßt, Alt und Jung, Mann und Weib, Vornehm und Gering, Geistlicher und Laie zu *einer* Gruppe vereinigt. Im Wagen bei Luther sitzen seine Freunde Amsdorf, Petrus von Suaven und der Mönch Pezenstein; Justus Jonas und mehrere Herren des sächsischen Adels, die ihm entgegen gekommen, folgten zu Pferde. Tausende von Menschen aus allen Ständen geleiteten ihn bis zu seiner Herberge im deutschen Hofe. –

XXI

Oben: Luther bereitet sich durch Gebet vor, vor Kaiser und Reich zu erscheinen. Hauptbild: Luther und Frundsberg vor dem Reichssaaleingang.

Aber nicht die wogende Volksflut, die ihn heute so mächtig emporgehoben, ist der erste und stärkste Schild seines Herzens; dies bewegte, kampfgewohnte Herz schwingt sich zu höherer Zuflucht, zum ewigen Felsen in der Flut der Zeiten und Völker.

Es ist stille geworden in den Straßen und in der Herberge; die Massen, die ihm zugejauchzt, sind verstummt, – da sammelt er seine Seele beim Saitenspiele und im Aufschauen zu der heiligen Stille des gestirnten Himmels. Er betet:

„Allmächtiger, ewiger Gott, wie ist es nur ein Ding um die Welt! wie sperret sie den Leuten die Mäuler auf! wie klein und gering ist das Vertrauen der Menschen auf Gott! – Du, mein Gott, stehe du mir bei wider aller Welt Vernunft und Weisheit; tue du es, du mußt es tun, du allein! Ist es doch nicht mein, sondern deine Sache; habe ich doch für meine Person hier nichts zu schaffen und mit diesen großen Herren der Welt zu tun. – Aber dein ist die Sache, die gerecht und ewig ist; ich verlasse mich auf keinen Menschen. – Komm, komm, ich bin bereit, auch mein Leben darum zu lassen, geduldig wie ein Lämmlein! Denn gerecht ist die Sache und dein; so will ich mich von dir nicht absondern ewiglich. – Das sei beschlossen in deinem Namen; die Welt muß mich über mein Gewissen wohl ungezwungen lassen. Und sollte mein Leib darüber

zu Trümmern gehn, – die Seele ist dein und bleibet auch bei dir ewig!" –

Am Abend darauf, im Begriffe, vor Kaiser und Reich zu treten, trifft er an der Schwelle des Reichssaales den Ritter Georg von Frundsberg; der klopft ihm freundlich auf die Achsel: „Münchlein, Münchlein, du gehest jetzt einen Gang, einen solchen Stand zu tun, dergleichen ich und mancher Oberste in unsrer allerernstesten Schlachtordnung nicht getan haben! Bist du auf rechter Meinung und deiner Sache gewiß, so fahre in Gottes Namen fort, und sei getrost, Gott wird dich nicht verlassen!" – so sprach (wenn wir der Überlieferung glauben dürfen) der weltliche zum geistlichen Ritter, der Kriegsheld zum Glaubenshelden; er sprach in edler Demut als der geringere Kämpfer zum höheren.

An zwei andere deutsche Ritter erinnern die beiden schützenden Gestalten oben zur Rechten und Linken Luthers: *Hutten* mit Harfe und Schwert, den Dichterlorbeer um die Stirne, und sein Freund, der tapfere *Sickingen*, den Feldherrnstab in der Hand. – Mit Wort und Schwert wollten sie ja ihren „heiligen Freund, den unüberwindlichen Theologen und Evangelisten", in Worms schützen helfen, wenn es Not tue. –

XXII

Luther vor Kaiser und Reich. 1521

Der entscheidende Augenblick ist gekommen; vor Kaiser und Reich soll Luther bezeugen: ob die Macht des Gewissens stärker in ihm sei als jede andere Rücksicht? Und sie war stärker. – „Ich bin gefangen (spricht er) in meinem Gewissen in Gottes Wort, und kann und mag darum nicht widerrufen. Hier stehe ich, ich kann nicht anders, Gott helfe mir, Amen!" –

„Dies ist der herrlichen, großen Tage einer – ruft Mathesius aus – vor dem Ende der Welt, an welchem Gottes Wort öffentlich vor der Römisch Kaiserlichen Majestät und dem ganzen Deutschen Reich mit christlicher Freudigkeit bezeuget und bekannt ist."

Neben dem jungen Kaiser Karl sitzt sein Bruder Ferdinand, zu beiden Seiten die drei geistlichen und die drei weltlichen Kurfürsten, voran der weise Friedrich von Sachsen; auf der Fürstenbank gegenüber blickt rechts Philipp von Hessen aufmerksam auf Luther hin. – Dr. Hieronymus Schurf steht hinter Luther als sein Rechtsbeistand, diesem gegenüber hinter dem Tische mit Luthers Büchern der kaiserliche Orator und Offizial des Bischofs zu Trier, Dr. Johann Eck; näher dem Kaiser hält der Kardinal Aleander schon die verdammende Bulle in der Hand. Im Hintergrunde erblickt man die spanischen Wachen, die den deutschen Mönch beim Herausgehen verspotteten.

XXIII

Luthers Entführung auf seiner Rückreise, 1521

Weder Spanier noch Römer sollten Hand anlegen dürfen an den glaubensmutigen Lehrer deutscher Nation; deutsche Treue und edle fürstliche Vorsorge bereiteten ihm einen Zufluchtsort in der Verborgenheit.

„Weil aber Luther in des Kaisers Acht und des Papstes Bann getan ward, gab unser Gott dem hochweisen Kurfürsten von Sachsen ein, daß er durch vertraute und verschwiegene Leute den Befehl geben ließ, den geächteten und gebannten Luther eine Zeit lang aufzuheben, gleichwie der fromme Diener Gottes Obadja, König Ahabs Hofmeister, hundert Priester eine Zeit lang in einer Höhle versteckte und speisete, da die Königin Isebel ihnen nach Leib und Leben trachtete. – Unser Doktor willigte in solchen Rat auf emsiges Anhalten guter Leute" – (*Mathesius.*)

In der Nähe des Schlosses Altenstein in einem Hohlwege, in der Richtung nach Waltershausen, wird Luthers Wagen von dem Hauptmann von Berlepsch und Burkhard Hund, Herrn von Altenstein, nebst einigen Knechten angehalten, um Luther zu entführen Sein Begleiter Amsdorf muss allein weiterfahren, nachdem Luthers Klosterbruder Pezenstein beim Anblicke der herannahenden Reiter erschrocken entflohen war. –

XXIV

Luther beginnt auf der Wartburg die Bibelübersetzung.

Der heldenmütige Mönch ist plötzlich vom lauten Markte der Welt verschwunden; wir finden ihn im stillen Kämmerlein eines thüringischen Schlosses, als Ritter Georg verkleidet, in *das* Buch vertieft, das seit den trüben Tagen zu Erfurt der leuchtende Stern seines Lebens geworden. Dies Buch sollte nun in deutscher Zunge zu deutschen Herzen sprechen: *das* war Luthers Entschluss und Tat auf seinem Patmos.

„Während unser Doktor – so erzählt Mathesius – auf der Wartburg sehr geheim gehalten wurde, ging er nicht müßig, sondern wartete täglich seines Studierens und Betens, und legte sich auf die griechische und hebräische Bibel, und schrieb viel gute und tröstliche Briefe an seine guten Freunde." –

„Ich will inzwischen – schrieb Luther selbst – das Neue Testament in die Muttersprache übersetzen, wie die Unsrigen es begehren. – Wenn doch nur jede Stadt ihren eigenen Übersetzer hätte, und dies Buch allein in aller Händen und aller Herzen wäre! – Ich habe mir eine Last aufgeladen, die über meine Kräfte geht. Nun erst sehe ich, was eine Übersetzung auf sich hat, und warum sich bisher niemand mit seinem Namen daran wagt. – Hoffentlich werden wir unserm Deutschland eine bessere Übersetzung geben, als die Lateiner sie besitzen. Es ist ein großes Werk und wohl wert, daß wir alle daran arbeiten!" –

XXV

Unten: Luther reitet von der Wartburg weg. Oben links: Luther und die Schweizer Studenten im Wirtshause zum schwarzen Bären in Jena. Oben rechts: Luther im Kreise seiner Wittenberger Freunde, von den eintretenden Schweizer Studenten erkannt

Der geistliche Ritter verlässt sein Patmos, gerüstet mit seiner besten Waffe: mit seiner Bibel. Die Nachricht von den Unruhen und Wirren in Wittenberg ließ ihm keine Ruhe mehr in seiner Einsamkeit.

„Ich komme – schrieb er seinem Fürsten – gen Wittenberg in gar viel einem höhern Schutz denn des Kurfürsten. – Dieser Sachen soll noch kann kein Schwert raten oder helfen; Gott muß hie allein schaffen ohn' alles menschlich Sorgen und Zutun. Darum wer am meisten glaubt, der wird hier am meisten schützen!" –

In dieser Zuversicht hatte er sich auf den Weg gemacht, und solche Gedanken mochten durch seine Seele gehen, als er sich des Abends zu Jena im schwarzen Bären zwei jungen Studenten aus der Schweiz (Johannes Keßler und Johannes Rütiner von St. Gallen) so heiter und so herzlich mitteilte.

Der eine von ihnen, Keßler, hat dies Zusammentreffen selbst geschildert: „In der Stube fanden wir einen Mann bei dem Tisch allein sitzend und ein Büchlein vor ihm liegend; der grüßt uns freundlich hieß uns herfür zu ihm an den Tisch sitzen, bot uns zu trinken, das wir ihm nit abschlagen konnten. – Wir vermeinten aber nit anders, denn es wär' ein Ritter, so nach Lands Gewohnheit da saß in einem

roten Schläpli, bloßen Hosen und Wamms, ein Schwert an der Seiten, mit der rechten Hand des Schwertes Knopf, mit der andern das Heft umfangend." – Da fragten wir ihn: „Mhn Herr, wüßtet Ihr uns nit zu bescheiden, ob Martin Luther jetzmalen zu Wittenberg oder an welchem Orte er doch sei?" – Antwortet er: „Ich hab gewissen Bericht, daß der Luther jetzomalen nit zu Wittenberg; er soll aber bald dahin kommen. Philippus Melanchthon aber ist da; er lehrt die griechische Sprach, so auch Andre die hebräische lehren, welch beide ich Euch in Treuen raten wollt zu studieren; denn sie bevor notwendig sind die Schriften zu verstehn …" Unter solchem Gespräch ward es uns gar heimlich, so daß mein Gesell das Büchlein, so vor ihm lag, aufhob und aufsperrt: *das war ein hebräischer Pfalter*." –

Einige Tage nachher treffen die Schweizer zu Wittenberg im Hause ihres Landsmannes Dr. Hieronymus Schurf denselben Reitersmann an der Seite Melanchthons an. „Wie man uns in die Stube beruft (berichtet Keßler), siehe da finden wir Martinum gleichermaßen wie zu Jena, bei Philippus Melanchthon, Justus Jenas, Niclaus Arnsdorf, Doktor Schürpf, erzählende, was sich in seiner Abwesenheit zu Wittenberg verloffen habe. Er grüßt uns und lächelt, zeigt mit dem Finger und spricht: Dies ist der Philipp Melanchthon, von dem ich Euch gesagt habe."

XXVI

Luther dämpft den Bildersturm, 1522

Eine neue Zeit, ein noch schwererer Kampf sollte nun für Luther beginnen. Er musste der Welt beweisen, ob er die ihn belebende Idee auch gegen ihre falschen Konsequenzen zu behaupten, ob er dem Zwiespalte in den Reihen seiner bisherigen Anhänger die Stirn zu bieten wisse.

Aus der Saat seiner Lehre von der „Freiheit des Christenmenschen" drohte eine Ernte des wildesten Fanatismus emporzuschießen, wenn er nicht zur rechten Zeit den Sturm beschwören konnte. Schon hatten Karlstadt und die Zwickauer Schwärmer durch kirchenstürmerischen Unfug die junge Gemeinde in Wittenberg zu verwirren angefangen.

Da trat Luther dazwischen und rettete die Freiheit des Evangeliums.

„Machet mir nicht – so rief er – aus dem *Frei sein ein Muß sein*, auf daß ihr nicht müsset Rechenschaft geben für diejenigen, so ihr durch eure lieblose Freiheit verleitet habt!"

„Dieweil ich denn den Glauben ins Herz nicht gießen kann, so kann und soll ich niemand dazu zwingen und dringen, denn Gott tut das allein, und macht, daß er zuvor im Herzen lebt. – Das Wort sollen wir predigen, aber die Folge soll Gott allein in seinem Gefallen sein. – Aus dem Gezwang oder Gebot wird allein ein Spiegelfechten, ein äußerlich Wesen, ein Affenspiel. – Man muß der Leute Herz zum ersten fahen! – Wo aller Gemüter und Herz nicht dabei ist, das laß Gott walten, du machst nichts guts!"

„Werdet ihr's aber hinausführen, mit solchen gemeinen Geboten, so will ich alles, was ich geschrieben und gepredigt habe, widerrufen; ich will auch nicht bei euch stehen. – *Das Wort hat Himmel und Erde geschaffen und alle Dinge; das muß es tun, und nicht wir armen Sünder!"* –

Die beschwichtigende Macht des Lutherischen Predigtwortes wird vom Künstler in der Weise frei versinnlicht, dass er den Reformator in die Mitte der Bilderstürmer abwehrend eintreten lässt. –

XXVII

Luther setzt mit Hilfe Melanchthons die Bibelübersetzung fort, 1523–24.

Aus dem Gewühle der Bilderstürmer und ihrer fanatischen Gewalttätigkeit treten wir wieder in die stille Zelle Luthers, zu der ruhig und freudig fortschreitenden Arbeit seiner Bibelübersetzung An seiner Seite sehen wir den jüngeren Freund und Gehilfen des Reformators, Philipp Melanchthon, den ausgezeichneten Lehrer des Griechischen an der jungen Universität. „Noch ein zarter *Jüngling* – nach Luthers Schilderung – seinem Alter, seiner Gestalt und Miene nach; aber ein *Mann*, wenn man den Umfang seines Wissens erwägt." –

Es war damals noch die schöne Zeit ihres Freundesbundes, wo jeder voll Bewunderung der höheren Gaben des anderen in einem Geiste an der gemeinsamen Aufgabe arbeitete. „Siehe, wie fein und lieblich ist's, wenn Brüder einträchtig beieinander wohnen!"

Dem Sinn und Geiste des Apostels Paulus sei kein Ausleger näher gekommen als sein Philippus, lautete Luthers Zeugnis 1522. –

XXVIII

Luther predigt in Seeburg gegen den Bauernkrieg. 1525

Die kirchliche *Reformation* ist in Gefahr, verschlungen zu werden von der politischen Revolution; die innere Freiheit des Christen soll den Aufruhr im Staate rechtfertigen – dieser Sturmflut wirft Luther sich mit aller Macht seines Wesens und Willens entgegen; schaudernd glaubt er in einen bodenlosen Abgrund zu blicken, der sich vor seinem Volke auftue.

Aus Seeburg, wo er das Volk vor Empörung warnte, schrieb er im Mai 1525 seinem Schwager: „Obgleich der Bauern noch mehr tausend wären, so sind es dennoch allzumal Räuber und Mörder, die das Schwert aus eigener Lust und Frevel nehmen, wollen neu Ordnung machen in der Welt, des sie von Gott weder Gebot, Recht noch Befehl haben. Über das führen sie zu schanden und Unehren den Namen göttlichs Worts und Evangelii. – Ich hoffe aber noch fest, es soll keinen Fürgang oder je keinen Bestand haben. – Wohlan, komm ich heim, so will ich mich mit Gottes Hilfe zum Tode schicken, und meiner neuen Herren, der Mörder und Räuber, warten. „ – Aber ehe ich wollt billigen und recht sprechen, was sie tun, wollt ich eher hundert Hälse verlieren, daß mir Gott helfe mit Gnaden!"

„Das Gewissen ist doch hie sicher, ob man gleich muß drüber zu Boden gehen. Es ist eine kurze Zeit, so kömmt der rechte Richter, der beide, sie und uns, finden wird. – Es kann doch ihr Tun und Sieg nicht bleiben noch lange bestehen." –

Schon früher hatte er den Bauern in seiner „Ermahnung zum Frieden" warnend zugerufen: „Habt Recht, wie hoch ihr wollet, so gebühret keinem Christen zu rechten noch zu fechten, sondern Unrecht zu leiden und das Übel zu dulden. – Den christlichen Namen, sage ich, den lasset stehen, und macht *den* nicht zum Schanddeckel eures ungeduldigen, unfriedlichen, unchristlichen Vornehmens. *Den* will ich euch nicht gönnen noch lassen, sondern mit Schriften und Worten abreißen, solange sich eine Ader in meinem Leibe regt." –

XXIX

Luthers Vermählung

Aus den Aufregungen des Bildersturmes war er zu seiner Bibel zurückgekehrt, von den zerstörenden Kämpfen der politischen Revolution wandte er sich zum vorbildlichen Bau des christlichen Hausstandes, zur Gründung der Familie im wahren deutschen und evangelischen Geiste. Noch inmitten des Sturmes und Aufruhrs hatte er schon im Frühling 1525 geschrieben: „Und kann ich's schicken, dem Teufel zum Trotz, will ich meine Käthe noch zur Ehe nehmen, ehe denn ich sterbe, wo ich höre, daß sie fortfahren. Ich hoffe, sie sollen mir doch nicht meinen Mut und Freude nehmen!"

Einige Wochen später, am 13. Juni, ward er mit seiner Katharina *Eins* für das ganze Leben; im Hause des Stadtschreibers zu Wittenberg, wo Freund Bugenhagen den heiligen Bund in Gegenwart des Juristen Apel und des Lukas Kranach einsegnete. „Lieber himmlischer *Vater* (so betete er), dieweil Du mich in Deines Namens und Amtes Ehre gesetzt hast, *und mich auch willst Vater genannt und geehret haben,* verleihe mir Gnad' und segne mich, daß ich mein liebes Weib, Kind und Gesinde göttlich und christlich regiere und ernähre!" –

„So hab ich auch diesen letzten Gehorsam und Willen meinem lieben Vater, der solches von mir begehret, guter Hoffnung, Gott werde mir Kinder bescheren, nicht wissen abzuschlagen. Dazu daß ich auch mit der Tat meine Lehre bestätige, weil ich noch so viele kleinmütige Herzen bei so großem Licht des Evangelii finde." –

„Ich bin in so großen Abfall und Verachtung kommen durch diese meine Heirat, daß ich hoffe, es sollen sich die Engel darüber freuen und die Teufel weinen. Die Welt mit ihren Klüglingen kennet noch versteht dies Wort nicht, daß es göttlich und heilig sei." „Ist ein Ehestand Gottes Werk, was ist's Wunder, daß sich die Welt daran ärgert? Ärgert sie sich auch daran, daß ihr Gott und Schöpfer unser Fleisch und Blut an sich genommen und es zu ihrer Seligkeit zu einer Erlösung und Speise gegeben hat." – „Der Ehestand treibt, jagt und zwinget den Menschen hinein in das allerinnerlichste höchste geistliche Wesen, nämlich zum Glauben. Sintemal kein höher innerlicher Wesen ist denn der Glaube, denn der hanget bloß an Gottes Wort." –

„Das Weib denke also: mein Mann ist ein Bild des rechten hohen Hauptes Christi. Desselben gleichen soll wiederum der Mann sein Weib von Herzen lieben um der hohen Liebe willen, so er hier an Christo siehet, der sich selbst für uns gegeben hat. – Das wäre dann eine christliche Ehe, wovon die Heiden nichts wissen." –

Die höchste Gnade Gottes ist's, wenn im Ehestande Eheleute einander herzlich für und für lieb haben." – Und dieser Gnade erfreute er sich: „Meine Käthe ist mir in Allem gehorsam und fügsam, mehr, als ich zu hoffen gewagt hätte. So daß ich mich reicher schätze als den Crösum!"

XXX

Luther Gespräch mit Zwingli über die Sakramentsfrage

Zehn Jahre früher war Luther zu Leipzig dem gewandten theologischen Vorkämpfer der römischen Kirche entgegengetreten; jetzt steht er zu Marburg dem geistigen Haupte der schweizerischen Reformation gegenüber. Wittenberg und Zürich, Sachsen und die Schweiz, von ihren bedeutendsten Lehrern vertreten, kämpfen im Schlosse zu Marburg vom 1. bis 4. Oktober 1529 über das theologische Verständnis des Abendmahls und seiner Einsetzungsworte. Die Geheimnisse des Sakraments, in ihrer heiligen Tiefe und Kraft allem Schulstreite unzugänglich, ja entgegengesetzt, – sie wurden zum Losungsworte der Entzweiung.

Zwingli fürchtete die materialistische Versinnlichung, Luther die spiritualistische Verflüchtigung des Sakraments; jener glaubte einen Eckstein des evangelischen Protestantismus, dieser eine Grundfeste der christlichen Kirche zu verteidigen. *Dort* rief man: „Der Geist ist's, der lebendig macht; das Fleisch ist keine Nütze!" *Hier* hieß es: „Selige Gegenwart und voller Genuß des ganzen Christus, des ungeteilten Heilandes!" – Tiefinnerliche, der scheidenden Verstandesauffassung unüberwindliche Gegensätze des religiösen Denkens und Lebens! –

Umsonst rangen die Schweizer und der Landgraf nach einer innigen Vereinigung *trotz dieser Scheidung und über ihr*. „Es sind keine Leut' auf Erden, mit denen ich lieber wollt eins sein, denn mit den Wittenbergern!" hatte Zwingli mit Tränen gerufen. „Ihr habt einen andern Geist als wir!" lautete Luthers unerbittliche Entgegnung– „Es ist gar ein blöd' Ding um ein Gewissen, darum in solchen großen Sachen nicht frevelich zu handeln, und soll ohne klar Gotteswort nicht neues fürgenommen werden. – Wir achten wohl, daß unser Widerpart es gut meinen; aber man wird befinden, daß ihre Argumenta dem Gewissen nicht genugtun wider die Eigenschaft der Worte: *„Das ist mein Leib"* –

Selbst das christliche Bruderband wurde zurückgewiesen. „Heute (schreibt Luther) handelt der Landgraf: ob wir dennoch, so wir uneins blieben, könnten Brüder und Christus Glieder untereinander uns halten. Aber wir wollen das Brüdern und Gliedern nicht; friedlich und guts wollen wir wohl!"

Vorne links besprechen sich Melanchthon und Oekolampad; hinter ihnen folgen Philipp von Hessen und Ulrich von Württemberg mit Spannung dem Gespräche Luthers und Zwinglis; rechts sitzen, unter dem Bilde des friedlichen Friedrichs des Weisen, andre Theologen der beiden streitenden Parteien.

XXXI

Oben: Luther im Gebete
Hauptbild: Übergabe der Augsburger Konfession. 1530

Was vor dreizehn Jahren, den 31. Oktober 1517, zu Wittenberg wie die Stimme eines Wächters in der Mitternacht begonnen hatte, das wurde nun am 25. Juni 1530 im Hofe des Bischofs zu Augsburg vor Kaiser und Reich am hellen Tage ausgesprochen als die unerschütterliche Überzeugung vieler tausend deutscher Herzen.

„Groß ist meine Freude, – ruft Luther – die Stunde erlebt zu haben, wo Christus von solchen Bekennern und in solcher Versammlung durch solch ein herrliches Bekenntnis verkündigt wurde. Nun geht das Wort in Erfüllung: Ich redete von Deinen Zeugnissen im Angesichte der Könige! Und auch das andere wird in Erfüllung gehen: Ich bin nicht zuschanden geworden; denn: Wer mich bekennet vor den Menschen, *den* will ich auch bekennen vor meinem himmlischen Vater!"

Darum tröstet er nun die Freunde mit der freudigsten Zuversicht: „Ihr habt Christum bekannt, Frieden angeboten, dem Kaiser Gehorsam geleistet, habt Unrecht ertragen, seid mit Lästerungen gesättigt worden und habt das Böse nicht mit Bösem vergolten. Summ ihr habt das heilige Werk Gottes, wie's die Heiligen ziemt, würdiglich getrieben. – Sehet auf und hebet eure Häupter auf, denn eure Erlösung ist nahe!"

Auf dem Schlosse zu Koburg, das er aus einem *Sinai* zu seinem *Zion* machen wollte, konnte Luther nur im Geiste und Gebete seinen Freunden in den entscheidenden Stunden in Augsburg zur Seite stehn. „Mit meinem Seufzen und Gebet – so schrieb er an Melanchthon – bin ich Euch wahrlich treulich zur Seite. Denn die Sache gehet mich auch an, ja mehr als Euch Alle, und sie ist nicht angefangen aus irgend einem freveln Mutwillen, nicht um Ehre oder zeitlichen Guts willen, der Heilige Geist gibt mir dessen Zeugnis, und die Sache hat's auch selbst bisher bewiesen. – Fallen wir, so fällt Christus mit, er, der Regierer der Welt; und mag er auch fallen, lieber will ich mit Christo fallen, als mit dem Kaiser stehen. – Es wird ja nicht falsch sein, das weiß ich fürwahr, daß Christus sei ein Überwinder der Welt. Was fürchten wir uns also vor der überwundenen Welt, als sei *sie* der Überwinder?" –

Mit solcher Ehrfurcht betete er (erzählt ein Ohrenzeuge, Veit Dietrich), daß man sah, er redete mit Gott, und doch wieder mit solchem Glauben und solcher Hoffnung, daß es schien, als rede er mit einem Vater und Freunde. „Ich weiß", sagte er, „daß Du unser Gott und Vater bist. Ich bin darum gewiß, Du wirst die Verfolger Deiner Kinder zuschanden machen. Tust du es nicht, so ist die Fahr Dein so gut als unser. Ist doch der ganze Handel Dein eigen; sind wir doch nur gezwungen gewesen, ihn anzugreifen; du magst ihn also schützen!"

Auf dem Bilde hat der Künstler die Evangelischen zur Rechten, die Katholiken zur Linken des Beschauers gruppiert: dort Melanchthon mit seinem sorgenvoll sinnenden Angesicht, voll Kummer über die bevorstehende Scheidung der Kirchen; neben ihm mit betend gefalteten Händen der Kurfürst Johann der Beständige und hinter diesem der Markgraf Georg von Brandenburg, auf sein Schwert gestützt der Landgraf Philipp von Hessen. Vor dem Kaiser steht der Kanzler Christian Baier, der die evangelische Bekenntnisschrift mit lauter Stimme verliest; die Treppe herauf sieht man das Volk aufmerksam sich zudrängen. Oben im Spitzbogenfelde liegt Luther im Gebete. Im Unterbau des Bildes werden Luthers und Melanchthons Wappen durch ein Band zusammengeschlungen, worauf wir Luthers damaligen Wahlspruch aus seinem Lieblingspsalme lesen: *Non moriar, sed vivam.*

„Ich werde nicht sterben, sondern leben und des Herrn Werk verkündigen!" so lautete die Ahnung seiner Seele für sich und seine Mission. –

XXXII

Die Bibelübersetzung

Hatte die evangelische Kirche zu Augsburg das entscheidende Wort ihres gemeinsamen Bekenntnisses gesprochen, so fand sie die maßgebende Quelle für dies Bekenntnis doch nur in der Bibel, und die Bibel wurde erst durch *Luthers Übersetzung* ihr Eigentum.

„Dies ist der größten Wunderwerke eins – meint Mathesius –, welches unser „Gott durch Dr. Martin Luther vor dem Ende der Welt ausgerichtet hat, daß er uns Deutschen eine sehr schöne Bibel zurichten läßt, und uns erkläret, was sein ewig göttlich Wesen und gnädiger Wille sei, mit guten und verständlichen deutschen Worten.

„Als die ganze deutsche Bibel ausgegangen war, nimmt Dr. Luther die Bibel von Anfang an wieder vor mit großem Ernst, Fleiß und Gebet, sieht sie noch einmal ganz, durch, und verordnet, weil der Sohn Gottes versprochen hatte, er wolle dabei sein, wo ihrer etliche in seinem Namen zusammenkommen, – gleichsam einen eigenen Sanhedrin von den besten Leuten, so damals vorhanden waren, welche wöchentlich einige Stunden vor dem Abendessen bei dem Doktor zusammenkamen: nämlich Dr. Bugenhagen, Dr. Justus Jonas, Dr. Kreuziger, M. Philipp, Matthäus Aurogallus, wobei M. Georg Rörer der Korrektur auch war; auch oftmals fremde Doktoren und Gelehrte, als Dr. Bernhard Ziegler und Dr. Forstenius, hinzukamen.

„Wenn nun unser Doktor zuvor die ausgegangene Bibel übersehen, und daneben bei Juden und fremden Sprach-

kundigen nachgeforscht und sich bei alten Deutschen gute Worte erfragt hatte, kam er in die Versammlung mit seiner lateinischen und neuen deutschen Bibel, wobei er auch stets den hebräischen Text hatte. Herr Philippus brachte mit sich den griechischen Text, Dr. Kreuziger nebst dem hebräischen die chaldäische Bibel, die Professoren hatten bei sich ihre Rabbinen, Dr. Pommer hatte auch einen lateinischen Text vor sich. – Zuvor hatte sich ein jeder auf den Text gerüstet. Darauf legte Dr. Luther als Präsident einen Text vor, und ließ die Stimmen herumgehen, und hörete, was ein jeder dazu zu reden hätte nach Eigenschaft der Sprache oder nach der alten Doktoren Auslegung."

Auf dem Bilde steht Luther zwischen Melanchthon und Bugenhagen, links gegen Luther hinaufsehend Jonas, neben diesem, ihn ansehend, Dr. Forstenius, rechts im Gespräch mit den Rabbinen Dr. Kreuziger.

Dem Ganzen gab der Künstler einen Ausdruck pfingstfestlicher Weihe, und mit Recht; denn es war eine der wichtigsten und würdigsten Synoden in der Geschichte der christlichen Kirche. –

XXXIII

Die Schulenverbesserung. Einführung des Katechismus

Zu den schönsten Früchten der Reformationsbewegung gehörte der Jugendunterricht, namentlich der religiöse, in der Volksschule; nichts war so sehr wie dies dringendste Herzensangelegenheit für Luther.

„Ich halte aber auch, daß die Obrigkeit hie schuldig sei, die Leute zu zwingen, ihre Kinder zur Schule zu halten" – Kann sie die Untertanen zwingen, daß sie müssen Spieß und Büchsen tragen, wenn man kriegen soll, wie viel mehr, daß sie ihre Kinder zur Schule halten, weil hie wohl ein ärgerer Krieg vorhanden ist mit dem leidigen Teufel, der damit umgehet, daß er Städte und Fürstentum will so heimlich aussaugen und von tüchtigen Personen leer machen, bis er den Kern ausgebohret, eine ledige Hülsen da lasse stehen von eitel unnützen Leuten, da er mit spielen und gaukeln könne, wie er will! – Darum wache hie wer wachen kann! – Wohlan, ihr lieben Deutschen, ich hab's euch genug gesagt, ihr habt euern Propheten gehöret."

In diesem Geiste schenkte er der Jugend seines Volkes das Meisterwerk volksmäßiger Belehrung in den Elementarwahrheiten des Christentums: *seinen kleinen Katechismus*. „Diesen Katechismus oder christliche Lehre in solche kleine einfältige Form zu stellen, hat mich gezwungen und gedrungen die klägliche, elende Not, so ich neulich erfahren habe da ich auch ein Visitator war. Hilf, lieber Gott! wie manchen Jammer habe ich gesehen, daß der gemeine Mann doch so gar nichts weiß von der christlichen Lehre,

sonderlich auf den Dörfern. Und leider viele Pfarrherrn fast ungeschickt und untüchtig sind zu lehren. – O ihr Bischöfe, was wollt ihr doch Christo immermehr antworten, daß ihr das Volk so schändlich habet lassen hingehen!"

Darum war es seine größte Freude und Stärkung, als er die Früchte seiner Arbeit in dem jungen Geschlechte reifen sah: „Es wächset daher die zarte Jugend von Knäblin und Maidlin, mit dem Katechismo und Schrift so wohl zugericht, daß mir's in meinem Herzen sanft tut, daß ich sehen mag, wie jetzt junge Knäblin und Maidlin mehr beten, glauben und reden können von Gott, von Christo, denn vorhin und noch alle Stift, Klöster und Schulen gekonnt haben. – Es ist fürwahr solches jung Volk ein schönes Paradies, desgleichen auch in der Welt nicht ist. Und solches alles bauet Gott, als sollt er sagen: Wohlan, lieber Herzog Hans, da befehl ich dir meinen edelsten Schatz, mein lustiges Paradies; du sollst Vater über sie sein, als mein Gärtner und Pfleger. Als wäre Gott selbs Euer täglicher Gast und Mündlin, weil sein Wort und seine Kinder, so sein Wort haben, Eure tägliche Gäste und Mündlin sind, und Euer Brot essen." –

Das Bild stellt den Reformator in die Mitte einer Kinderschar, denen er – dem Spruche gemäß: Lasset die Kindlein zu mir kommen! – seinen Katechismus erklärt, während Jonas das Buch unter sie austeilt, und im Hintergrunde ein Zuhörerkreis von Schullehrern an seinem Unterrichte sich selber zu ihrem Berufe vorbereiten.

XXXIV

Die Predigt

Wie Luther das göttliche Wort seinem Volke in die Muttersprache übersetzte, wie er es im Volksbuche dem Kindersinne auslegte, so wollte er es auch der versammelten Gemeinde verkündigen in *der Predigt*. Als Erklärung, Entfaltung und Anwendung des göttlichen Wortes, der Offenbarung Gottes in Christo, wurde die *Predigt* das hauptsächlichste Werkzeug für Gründung und Leitung der evangelischen Kirche. Der Geistliche wurde von jetzt an vorzugsweise Prediger.

„Darum siehe darauf, Pfarrherr und Prediger! Unser Amt ist nun ein ander Ding worden, denn es unter dem Papst war; es ist nun ein Ernst und heilsam worden. Darum hat es nun viel mehr Müh und Arbeit, Fahr und Anfechtung, dazu wenig Lohn und Dank in der Welt; Christus aber will unser Lohn selbst sein, so wir treulich arbeiten!"

Auf dem Bilde sind alle Elemente des evangelischen Kultus angedeutet: durch Taufstein und Altar die Sakramente, durch Orgel und Gesangbuch der Gesang, durch den Almosenstock das Opfer der Barmherzigkeit Zugleich wird uns die Wahrheit in Erinnerung gebracht, dass Luther und die durch ihn erneuerte Kirche frei waren von dem herzlosen fanatischen Streben, die Künste auszuschließen von der Verkündigung der Gottesoffenbarung – „Auch daß ich nicht der Meinung bin, daß durchs Evangelium sollten alle Künste zu Boden geschlagen werden, wie etliche Abergeistliche fürgeben, sondern ich wollte alle Künste, sonderlich die Musika, gern sehen im Dienste *Des*, der sie gegeben und geschaffen hat."

XXXV

Das heilige Abendmahl unter beiderlei Gestalt

Wort und Sakrament! Das war für Luther Wahlspruch und Kennzeichen der wahren christlichen Kirche. Neben der Predigt musste der Künstler uns also auch den Höhepunkt der evangelischen Gemeinde darstellen: die Feier des Abendmahls in seiner ursprünglichen Weise und Gestalt. Luther reicht seinem Kurfürsten Johann Friedrich den Kelch, während Bogenhagen das Brot bricht.

Durch die Beibehaltung und Behauptung des Sakraments in seiner tiefsten sinnlich-übersinnlichen Bedeutung hat Luther die evangelische Kirche vor der doppelten Gefahr retten wollen: entweder in eine Menge von Sekten ohne Zusammenhang mit der allgemeinen christlichen Kirche sich zu zersplittern, oder in willkürlicher Schulmeinung zu zerfließen.

„Wer das Sakrament nicht suchet noch begehret, da ist zu besorgen, daß er das Sakrament verachtet und kein Christ sei, gleichwie der kein Christ ist, der das Evangelium nicht glaubet oder höret. – Wer aber das Sakrament nicht groß achtet, das ist ein Zeichen, daß er keine Sünde, keine Welt, keinen Tod, keine Fahr noch Hölle hat, das ist: er glaube deren keins, ob er wohl bis über die Ohren darin steckt. Wiederum so bedarf er auch keiner Gnade, Leben, Himmelreich, Christi, Gottes."–

XXXVI

Luther liest dem Kurfürsten Johann dein Beständigen aus der Bibel vor

Indem uns der Künstler in Luthers Privatleben einführt, will er zuerst dem innigen Verhältnisse des Reformators zu seinem Fürsten ein Denkmal stiften; wir sehen ihn in vertraulichem Zwiegespräch mit dem Kurfürsten Johann dem Beständigen, dem er die Schrift vorliest und erklärt. Läßt sich dies als bestimmter *einzelner* Vorfall auch nicht gerade geschichtlich nachweisen, so drückt das Bild dennoch vollkommen der geschichtlichen Wahrheit gemäß die schöne unerschütterliche Geistes- und Gesinnungsgemeinschaft aus, welche den Lehrer mit dem Fürsten so eng verband.

War es ja dieser Fürst, dem Luther (1530) von Koburg aus nach Augsburg die unvergleichlichen Worte zurufen konnte, in denen das gegenseitige Verhältnis der beiden Männer sich so rein abspiegelt: „So erzeigt sich der barmherzige Gott wohl noch gnädiger, daß er sein Wort so mächtig und fruchtbar in Euer Kurfürstlichen Gnaden Lande macht. Denn freilich Eure Lande die allerbesten und meisten guten Prediger und Pfarrer haben, als sonst kein Land in der Welt, die so treulich und rein lehren und so schönen Frieden helfen halten. ... Gott der Herr, der Euch zu dieses Landes Vater und Helfer gesetzt hat, der nähret sie alle durch Euer Kurfürstlich Gnaden Amt und Dienst. – Euer Kurfürstlich Gnaden sei nur getrost! Christus ist da, und er wird Euer Gnaden wieder bekennen vor seinem Vater, wie Euer Kurfürstlich Gnaden jetzt ihn

bekennet vor diesem argen Geschlecht – Mir ist leid, daß der Satan Euer Herz möchte bekümmern und betrüben ... Er ist ein trauriger saurer Geist, der nicht leiden kann, daß ein Herz fröhlich sei oder Ruhe habe, sonderlich in Gott; wie viel weniger wird er's leiden können, daß Euer Kurfürstlich Gnaden gutes Mutes sei, als der wohl weiß, wie viel an Euer Herz uns allen gelegen ist, und nicht uns allein, sondern fast der ganzen Welt, ich wollt sagen: schier auch dem Himmel selbst! Darum sind wir alle schuldig, Euer Gnaden treulich beizustehen mit Beten, Trösten, Lieben und womit wir immer können. – O, das junge Volk wird's tun, das mit seinem unschuldigen Zünglein so herzlich gen Himmel ruft und schreit, und Euer Gnaden als ihren lieben Vater so treulich dem barmherzigen Gott empfiehlt!"

XXXVII

Luther wird auf dem Krankenlager (1537) von dem Kurfürsten Johann Friedrich besucht und getröstet

Erscheint Luther auf dem vorigen Bilde als der geistlich Dienende seinem Fürsten gegenüber, so tritt ihm hier der Sohn jenes Fürsten in leiblicher Not hilfreich entgegen. Zu Schmalkalden auf den Tod erkrankt, wird er am Sonntag Invokavit (Februar 1537) von dem Kurfürsten Johann Friedrich, dem Sohne des Beständigen, besucht und getröstet: „Unser lieber Herr Gott – rief der Fürst in großer innerer Bewegung – wird uns gnädig sein, und Euch, lieber Vater, das Leben fristen!" – Als ihm Luther in Todesbangigkeit den referneren Schutz des Evangeliums anempfahl, erwiderte er: „Ich besorge mich, lieber Herr Doktor, wenn Euch Gott hinwegnähme, er würde sein liebes Wort auch mit hinwegnehmen!" – was Luther indessen mit Recht widerlegte. – „Euer Weib (so tröstete Johann Friedrich beim Abschied) soll mein Weib sein, und Eure Kinder meine Kinder!" „Der fromme Fürst (schrieb der Reformator nachher an seine Frau) hat lassen laufen, reiten, holen und mit allem Vermögen sein Höchstes versucht, ob mir möchte geholfen werden; aber es hat nicht wollen sein."

Auf unserm Bilde sitzt im Vordergrunde Melanchthon in sich gekehrt, mit schwerer Angst und Sorge ringend, wie er denn auch beim Anblicke des leidenden Freundes die Tränen nicht immer zurückhalten konnte; hinter ihm zur Rechten des Kranken steht Friedrich Mykonius, Georg Spalatin neigt sich in besorgtem Nachdenken über das

Kopfkissen des Leidenden, während der Arzt die Arznei bereit hält; hinter dem Kurfürsten steht Hans von Dolzig.

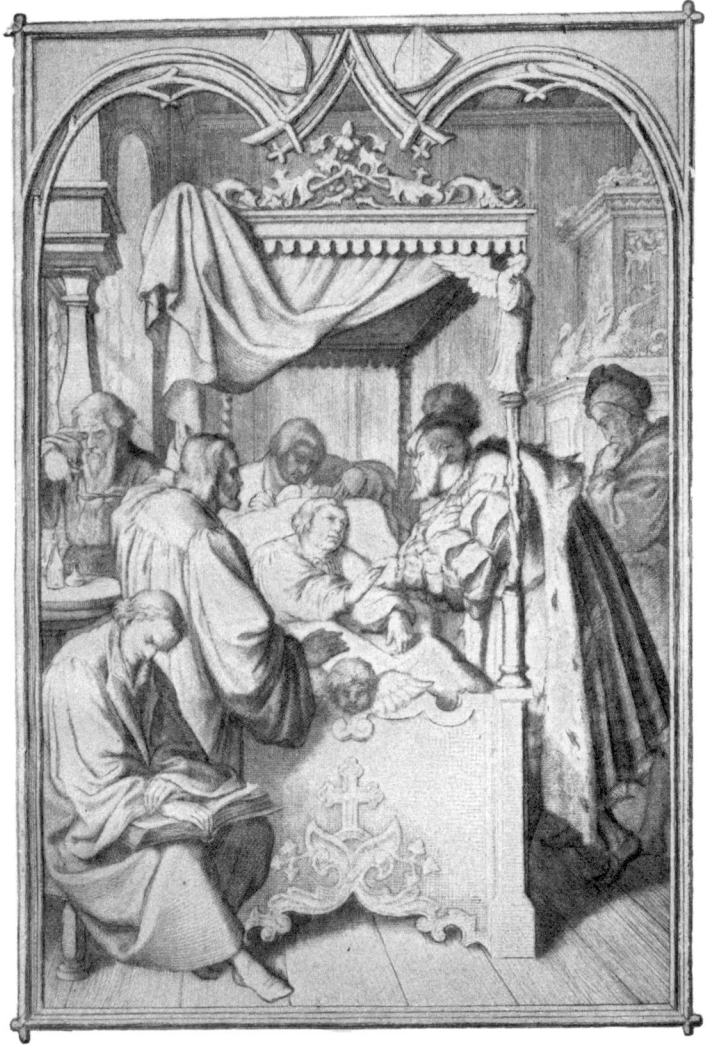

XXXVIII

Luther wird von Lukas Kranach gemalt.

Verdanken wir es fast allein der fleißigen Künstlerhand des Lukas Kranach, daß Luthers Bild mit seinen markigen, mächtig ausgeprägten Zügen uns erhalten ist, so war es eine gerechte Tat des Dankes, wenn unser Künstler-Biograph auf diesem Bilde an jene unermüdliche Tätigkeit Kranachs erinnern wollte. Meister Lukas entwirft hier das Bild seines Freundes und Gevatters, das er nachher noch so oft vervielfältigte. Melanchthon prüft die Ähnlichkeit der Züge; denn wenige haben wie er so oft und so tief in die Seele des Helden blicken, in den verschiedensten Zuständen ihn beobachten können; er war also voraus zu einem Urteile über das Bildnis seines Freundes berufen. Ein anderer Freund, Spalatin, sucht ihm durch Vorlesen die Zeit während der Sitzung zu verkürzen.

XXXIX

Luther im Gebet am Bette des kranken Melanchthon

Standen wir vorher am Krankenbette Luthers, an welchem sein Freund trauerte, so sehen wir ihn jetzt an das Krankenlager Melanchthons treten und die fast geknickte Seele des Darniederliegenden mit mächtigen Worten des Lebens wieder aufrichten. Auf dem Wege zum Konvent in Hagenau war Melanchthon in Weimar plötzlich gefährlich erkrankt; Todesahnungen hatten ihn herbegleitet, und ein ihn untergrabendes Seelenleiden drohte rasch die fast erschöpfte Lebenskraft aufzulösen; sein zartbesaitetes Gemüt wurde von dem bittersten Schmerze gequält, der den schwachen Sterblichen heimsuchen kann: er war mit sich selbst zerfallen, denn sein Gewissen fand keine Ruhe gegen den inneren Vorwurf, daß er den Gelüsten und Forderungen des hessischen Landgrafen nicht heldenmütiger widerstanden, daß er also in ein öffentliches Ärgernis der evangelischen Kirche halb und halb eingewilligt.

Da erschien auf den Ruf des Kurfürsten Luther nebst Kreuziger; mit Schrecken sah er die leichenähnliche Gestalt des Freundes, die brechenden Augen, die erlöschenden Sinne. „Behüte Gött!" rief er, „wie hat mir der Teufel dieses Organon geschändet!" und zum Fenster gekehrt ergießt er seine beklommene Seele in das glühendste und kühnste Gebet. Es gingen Worte durch seine Seele und über seine Lippen, die man in einem andern Munde vielleicht als Frechheit verurteilen könnte, die aber in ihm aus den Tiefen eines großartigen Gottvertrauens, eines unbedingten

Schriftglaubens herstammten. „Allda mußte mir unser Herr Gott herhalten; denn ich warf ihm den Sack vor die Türe ... mit allen Verheißungen von Gebetserhörungen, die ich in der Schrift zu erzählen wußte, daß er mich mußte erhören, wo ich anders seinen Verheißungen trauen sollte." – Dann nimmt er den Kranken bei der Hand: „Sei gutes Mutes, Philippus, Du wirst nicht sterben! Obwohl Gott Ursache hätte zu töten, so will er doch nicht des Sünders Tod, sondern daß er sich bekehre und lebe! Hat Gott die allergrößten Sünder zu Gnaden wieder berufen, viel weniger wird er Dich, mein Philippe, verstoßen, noch in Sünden und Schwermut verderben lassen. Darum gib dem Trauergeiste keinen Raum, und werde an Dir selbst kein Mörder, sondern vertraue dem Herrn, der töten und wieder lebendig machen, schlagen und wieder heilen kann!" – Melanchthon wäre lieber hinübergeschlummert zum ewigen Frieden statt in den irdischen Streit zurückzukehren; aber die geistesmächtigen Worte Luthers riefen ihn zurück: „Mit nichten, Philippe, Du mußt unserm Herrn Gott noch weiter dienen!" –

Er genas, „durch göttliche Kraft (dies sind seine Worte) aus dem Tode ins Leben zurückgerufen"; und Luther frohlockte: „er wolle mit Gott den Magister Philippus wieder aus dem Grabe fröhlich heimbringen."

XL

Luthers „Kantorei im Hause" Einführung des deutschen Kirchenlieds und Kirchengesangs

Von Luthers Freunden wenden wir uns zu seiner Häuslichkeit; den Übergang hiezu leitet am besten seine *„Kantorei im Hause"* ein, wobei wir uns zugleich an sein unsterbliches Verdienst um das deutsche Kirchenlied und den deutschen Kirchengesang erinnern. Auf dem Bilde übt er im Kreise seiner Kinder und Freunde die ersten evangelischen Kirchengesänge ein, unter Leitung des kurfürstlichen Kapellmeisters Johannes Walther, links der Kantor, rechts Mathesius.

„Ich habe – erzählt Walther – gar manche liebe Stunde mit ihm gesungen und oftmals gesehen, wie der teure Mann vom Singen so fröhlich im Geist ward, daß er des Singens schier nicht konnte müde und satt werden ... Er hat die Noten über die Episteln und Evangelia selbst gemacht, mir vorgesungen und mein Bedenken darüber hören wollen. Er hat mich die Zeit drei Wochen lang zu Wittenberg aufgehalten ..., bis die erste deutsche Messe in der Pfarrkirche gesungen ward; da mußte ich zuhören und solcher ersten deutschen Messe Abschrift mit mir gen Torgau nehmen und dem Kurfürsten selbst überantworten." – „Über und nach Tische (berichtet Mathesius) sang der Doktor bisweilen, wie er denn ein Lautenspieler war; ich habe mit ihm gesungen; zwischen dem Gesang brachte er gute Reden mit ein." – Als er zur Adventszeit (1538) einmal die Sänger zu Gaste hatte, die ihm schöne Motetten vortrugen, sprach er gerührt: „Weil unser Herr Gott schon in dies *Leben* solche edle Gaben geschüttet hat, was wird erst in jenem ewigen Leben werden! Hier ist nur materia prima, der Anfang."

In der Vorrede zu seiner ersten Sammlung geistlicher Lieder und Psalmen sagt er: sie seien in vier Stimmen gebracht, weil er wünschte, „daß die Jugend, die doch sonst soll und muß in der Musika und andern rechten Künsten erzogen werden, etwas hätte, damit sie der Buhllieder und fleischlichen Gesänge los würde, und an derselbigen Statt etwas Heilsames lernte, und also das Gute mit Lust einginge, wie den Jungen gebührt".

XLI

Luthers Sommerfreuden im Kreise seiner Familie und seiner Tischgenossen

Luthers Sommerfreuden im Kreise der Seinigen will der Künstler uns hier vergegenwärtigen und dabei auch an die Tischgenossen erinnern, denen wir – was durch den hinter Luther schreibenden jungen Mann angedeutet wird – die Aufzeichnung seiner Tischreden verdanken. Und allerdings durfte ein Gartenbild nicht fehlen unter den Gedenkblättern an den Mann, dem im Freien, im Anschauen und Genusse der Natur stets das Herz aufging, der die Schöpfung so gerne mit seinem frommen sinnigen Dichterauge betrachtete und bewunderte.

Dem Freunde, bei dem er Sämereien bestellte, schrieb er: „Wenn der Satan mit seinen Gliedern tobt und wütet, so will ich ihn verlachen und des Schöpfers Segen, die Gärten, betrachten und genießen zu seinem Lobe." – Seinem Spalatin meldete er 1526: „Ich habe den Garten bepflanzt und den Brunnen gebaut, und beides mit gutem Glück. Komm zu mir, und du sollst mit Lilien und Rosen bekränzt werden!" – „Bleib' ich am Leben, so werde ich noch ein Gärtner", äußerte er in dieser Stimmung. – „Die Welt kennt weder Gott, ihren Schöpfer, noch seine Kreaturen. Ach, wie würde der Mensch, wenn Adam nicht gesündigt hätte, Gott in allen Geschöpfen erkannt, geliebt und gelobt haben, also daß er auch in dem kleinsten Blümlein Gottes Allmacht, Weisheit und Güte bedacht und gesehen hätte!" – „Wir sind jetzt in der Morgenröte des künftigen Lebens; denn wir fangen an wiederum zu erlangen das Erkenntnis der Kreaturen, das wir verloren haben durch Adams Fall ... In seinen Kreaturen erkennen wir die Macht seines Wortes, wie gewaltig das sei. Da er sagte und sprach, da stand es da." –

In dieser innigen Naturfreude eines tiefen beschaulichen Gemütes wurde ihm die Schöpfung zu einer göttlichen Zeichensprache des Unsichtbaren, Höheren. So verglich er die Bibel mit einem schönen Walde, „darinnen kein Baum ist, an dem ich nicht mit meiner Hand geklopft habe". Oder an einem schönen Frühlingstage (1541) äußerte er in jener aus Wehmut und Sehnsucht gemischten Stimmung, die uns zuweilen inmitten der Frühlingslust beschleicht, gegen Justus Jonas: „Wenn nur Sünde und Tod weg wäre, wollten wir uns an einem solchen Paradies genügen lassen. Aber es wird viel schöner werden, wenn die alte Welt gar verneuet und ein ewiger Lenz angehen und bleiben wird."

XLII

Luthers Winterfreuden im Kreise seiner Familie

Auf die Sommerfreuden folgen Winterfreuden am Weihnachtsfeste, und der Garten, woran Luther seine Augen weidet, sind seine Kinder, die er für den herrlichsten Segen Gottes hielt, wie er einst gegen seinen Freund Jonas sich aussprach, der an einem schönen, über dem Tisch hängenden Kirschenast seine Freude hatte: „Warum bedenkt ihr das nicht vielmehr an euern Kindern, eures Leibes Früchten, welche schönere, herrlichere Kreaturen Gottes sind denn aller Bäume Früchte? An denen sieht man Gottes Allmacht, Weisheit und Kunst, der sie aus nichts gemacht hat." –

Die Armbrust, womit der älteste Knabe auf dem Bilde nach den Äpfeln des Christbaumes schießt, ist eine Erinnerung an jenen Brief, den Luther einst von Koburg aus (1530) an den vierjährigen Hans schrieb, worin er ihm von dem „hübschen lustigen Garten, den vielen Kindern, den Äpfeln und Birnen, den schönen kleinen Pferdlein mit goldenen Zäumen und silbernen Sätteln, den Pfeifen, Pauken und feinen silbernen Armbrüsten" erzählte. – Melanchthon hat seine Freude an dem kleinen Schützen, wogegen „Muhme Lehne" mit dem jüngeren Knaben ein Buch beschaut, während das ältere Mädchen, Magdalene, sich an dem Christengel ergötzt – gleichsam als ahnete ihr die Nähe ihres eigenen Engelfestes. Ein Wink des Künstlers, der uns auf den Ernst des nächsten Bildes vorbereiten wollte. –

XLIII

Luther am Sarge seiner Tochter Magdalene

Wir stehen vor einem Heiligtum. Am Altare seines Gottes, im Innersten der schmerzlich kämpfenden Seele opfert der Vater das Teuerste, was er besessen; sein liebstes, schon auf Erden für den Himmel gereiftes Kind legt er still ergeben in den Schoß seines Schöpfers und Erlösers – Am Mittwoch, 20. September 1542, hatte seine noch nicht vierzehnjährige Magdalene ihre Augen für immer geschlossen, in den Armen des für sie betenden Vaters.

„Ich habe sie sehr lieb, – hatte er schon an ihrem Krankenbette gebetet – aber, lieber Gott, da es dein Wille ist, daß du sie dahin nehmen willst, will ich sie gern bei dir wissen!" – Und auf seine Frage: „Magdalenichen, mein Töchterlein, du bleibest gerne hier bei deinem Vater, und zeuchst auch gerne zu jenem Vater?" antwortete die Sterbende: „Ja, herziger Vater, wie Gott will!" – „Du liebes Lenchen, wie wohl ist dir geschehen!" sprach er an ihrem Sarge „Du wirst wieder auferstehen, und leuchten wie ein Stern, ja wie die Sonne" – „Ich bin ja fröhlich im Geist, aber nach dem Fleisch bin ich sehr traurig; das Fleisch will nicht heran; das Scheiden vexiert einen über die Maßen sehr." – Und nach dem Begräbnis: „Meine Tochter ist nun beschickt, beides an Leib und Seele. – Wir Christen haben nichts zu klagen, wir wissen, daß es also sein muß; wir sind ja des ewigen Lebens auf das allergewisseste; denn Gott, der es uns durch seinen Sohn zugesagt hat, der kann ja nicht lügen. – Zwei Heilige hat unser Herr Gott aus meinem Fleisch" – „Wenn meine Tochter wieder sollte lebendig werden, und sollte mir ein Königreich mitbringen, so wollt' ich's nicht tun. O sie ist wohlgefahren! Selig sind die Toten, die im Herrn sterben; wer also stirbt, der hat das ewige Leben gewiß. Ich wollte, daß ich und meine Kinder und ihr alle sollt so hinfahren, denn es werden böse Zeiten folgen."

Die tiefe Wirkung des Bildes beruht auf einem Eindrucke von stillem, heiligem Frieden, wie er uns aus den in ihrer erhabenen Einfachheit so mächtig ergreifenden Worten des gebeugten Vaters anweht. – Es ist uns, als hörten wir: „Du hast gegeben, du hast genommen; dein Name sei gelobt!" –

XLIV

Luther und Hans Kohlhase

Um den sittlichen Mut Luthers und zugleich die Macht seines Namens hervorzuheben, benutzt der Künstler den Bericht von einer geheimen Unterredung des Reformators mit dem unglücklichen Hans Kohlhase, der – anfangs ein angesehener rechtschaffener Mann aus Berlin („Cölln an der Spree") – zuletzt aus Zorn und Erbitterung wegen erlittenen Unrechtes und fortwährender Rechtsverweigerung ein Räuber und Wegelagerer wurde und sein Leben (1540) auf dem Rade endete. Ursprünglich ohne Zweifel eine tüchtige, kraftvolle Natur, hatte ihn ein überreiztes Rechtsgefühl und wilde Leidenschaftlichkeit auf die Bahn des Verbrechens und Verderbens geführt. Gewiß ein Charakter, der dem Reformator die regste Teilnahme einflößen mußte; denn auch *seine* Seele barg Abgründe der Leidenschaft, vor denen ihn aber sein besserer Geist und Glaube rettete.

Ein Warnungsbrief Luthers an Kohlhase, worin er ihn ernstlich und eindringlich zur Umkehr aufforderte, soll (nach dem Berichte der Märkischen Chronik des Petri Hafttitii) den Verirrten vermocht haben, sich heimlich zu Luther zu begeben; ohne sich zu nennen, habe er inständig um eine Unterredung gebeten. – „Da ist's dem Doktor eingefallen, daß es vielleicht Kohlhase sein möchte; ist deswegen selbst an die Tür gegangen, und hat zu ihm gesagt: Numquid tu es Hans Kohlhase? (bist du der H. K.?) Hat er geantwortet: Jam, Domine Doctor (Ja, Herr Doktor). Da hat er ihn eingelassen, feierlich in sein Gemach geführt, den Herrn

Philippum, Cruciger, Major und andere Theologen zu sich berufen lassen; da hat ihnen Kohlhase den ganzen Handel berichtet, und sind späte bei ihm in die Nacht geblieben. Des Morgens frühe hat er dem Doktor gebeichtet, das hochwürdige Sakrament empfangen, und ihm zugesagt, daß er von seinem Vornehmen wollte abstehen, und dem Lande zu Sachsen keinen Schaden hinfort zufügen, welches er auch gehalten. Ist also unerkannt und unvermerkt aus der Herberge geschieden, weil sie ihn getröstet, seine Sache befördern zu helfen, daß sie eine „gute Endschaft solle gewinnen." – Weil aber dies nicht gelungen, sei Kohlhase wieder auf den Weg der Selbsthilfe und Gewalttat zurückgekehrt.

Auf dem Bilde erscheint Kohlhase als ein Verzweifelnder, der sich vor keinem andern beugen könnte als nur vor Luther, dem einzigen, an den er noch glaubt, den er noch achtet; Luther dagegen empfängt ihn mit einem Blicke des tiefsten Ernstes und Mitleides; denn er liest in dieser verdüsterten Seele, daß eine große heilige Kraft in ihr gelegen, deren Entartung und Zerrüttung ihn erschüttert. –

XLV

Luther bei den Pestkranken

Auch dem in der Schreckensgestalt der Pest einherschreitenden Tode sieht er glaubensmutig ins Auge. Dreimal (1516, 1527, 1535) war die Pest in Wittenberg ausgebrochen, und dreimal blieb er am Orte der Gefahr, so dringend man ihn auch auffordern mochte, sich zu entfernen. – „Ich hoffe (schrieb er 1516 an Lange), die Welt wird mit Bruder Martin nicht zusammenfallen. Die Brüder will ich zwar überallhin zerstreuen, ich aber bin hieher gestellt, und aus Gehorsam darf ich nicht fliehen. Das sage ich nicht, als ob ich den Tod nicht fürchtete; denn ich bin nicht der Apostel Paulus, sondern nur sein Ausleger; aber ich hoffe, Gott wird mich aus aller meiner Furcht erretten." Elf Jahre später ruft er, als die Meisten sich entfernt halten, und die Universität nach Jena verlegt war: „Und doch sind wir nicht allein; Christus und euer und aller Heiligen Gebet sind zugleich mit den heiligen Engeln unsichtbar, aber kräftig bei uns." – „Will uns Gott darinnen haben und würgen, so wird unser Hüten nichts helfen; auf daß ein jeglicher sein Herz *also* richte: Ist er gebunden, daß er muß im Sterben seinem Nächsten zu Dienst stehen, so befehle er sich Gott und spreche: Herr, in deiner Hand bin ich, du hast mich hie angebunden, dein Wille geschehe!" – Am Allerheiligentage „im zehnten Jahre „des mit Füßen getretenen Ablasses" (1527) mußte er seinem Amsdorf klagen: „Mein Haus fängt an, ein Spital zu werden; Hanna, Dr. Augustins Ehefrau, trug die Pest mit sich herum; doch steht sie wieder auf;

Margareta Mochina hat uns durch eine Beule und andere Anzeichen erschreckt; doch ist sie wieder gesund: wegen meiner Käte bin ich sehr in Sorge, da sie ihrer Niederkunft nahe ist; mein Söhnchen ist auch schon drei Tage krank ... So ist auswendig Streit und inwendig Furcht, und zwar heftig genug; Christus sucht uns heim. Der einzige Trost, den wir der Wut des Satans entgegensetzen, ist, daß wir Gottes Wort haben, die Seelen zu retten, wenn er auch den Leib verschlingt. Darum befiehl uns dem Gebet der Brüder und dem deinigen, auf daß wir die Hand des Herrn standhaft ertragen. – „Ich bin (schrieb er am 10. Dezember) wie der Apostel, als ein Sterbender, und siehe, ich lebe" – „Gott hat sich unser herrlich und wunderbar erbarmt!" konnte er dann am Ende dieses Jahres dankbar ausrufen.

Auf dem Bilde, das uns in den Jammer einer Pestszene hineinblicken läßt, reicht Luther eben noch einer Sterbenden den Kelch des letzten Trostes, sie hat das Leiden dieser Zeit, auch den Schmerzensanblick ihres erblaßten Kindes schon überwunden im Vorgefühl der künftigen Welt. Um sie herum herrscht in verschiedenen Abstufungen die Angst und Not des drohenden Todes, der im Hintergrunde als fortwährender Leichenzug durch die Hallen schreitet.

XLVI

Luthers Abschied von seiner Familie. – Seine Lebensgefahr auf der Reise. – Sein Empfang von den Grafen von Mansfeld an der Grenze

Der Mann des Kampfes begibt sich auf eine Reise des Friedens; als Friedensstifter will er in die Heimat eilen; es war – wie er geahnet – seine letzte Reise; sie führte ihn zum ewigen Frieden und in die rechte Heimat. „Die Welt ist mein müde, so bin ich ihrer müde; wir werden uns leicht trennen, gleichwie ein Gast die Herberge nicht ungern verläßt." –

Schon zweimal hatte er das Jahr vorher den Streit der Grafen von Mansfeld durch seine Gegenwart zu schlichten gesucht; nun macht er sich, von seinen drei Söhnen begleitet, zum dritten Male auf den Weg (am 23. Januar 1546). Mit bekümmertem Herzen sieht ihn seine Katharina scheiden, als hätte sie ein Vorgefühl, daß sie ihn nicht wiedersehen würde, wenigstens nicht anders als im Sarge. Umsonst suchte er mit Scherz und Ernst in seinen Briefen ihre Sorgen zu beschwichtigen: „Lies, Du liebe Käte, den Johannem und den kleinen Catechismum ... Denn du willst sorgen für Deinen Gott, gerade, als wäre er nicht allmächtig, der da könnte zehn Doctor Martinus schaffen, wo der einige alte erträncke in der Saale ... Laß mich in Frieden mit Deiner Sorge; ich habe einen besseren Sorger, denn Du und alle Engel sind. Der liegt in der Krippen und hängt an einer Jungfrauen Brust, aber sitzet gleichwohl zur rechten Hand Gottes, des allmächtigen Vaters. Darum sei in Frieden, Amen!" –

Der Todesgefahr beim Übersetzen über die ausgetretene Saale (28. Januar.) war er entronnen, um dann wenige Wochen später sein Leben da zu schließen, wo es angefangen hatte, in Eisleben. An der Mansfeldischen Grenze wurde er von den Grafen mit großem Gefolge empfangen, um die über zeitliches Gut streitenden Brüder und Verwandten wieder zu versöhnen. Diese Aufgabe wurde ihm zur Marter. „Hier ist die Schule, da man verstehen lernt, warum der Herr im Evangelium den Reichtum Dornen nennt!" –

XLVII

Luthers Tod

Ein reiches, großes Leben voll unberechenbarer Erfolge geht zu Ende; das Herz steht still, das so warm und treu geschlagen für sein Volk, für die Christenheit, für das Evangelium. – Eben noch hatte er geseufzt: „Lieber Gott, mir ist sehr weh und angst; ich fahr dahin; ich werde nun wohl zu Eisleben bleiben!" und dann gebetet: „Ich danke dir, dass du mir deinen lieben Sohn Jesum Christum offenbaret hast, an den ich glaube, den ich gepredigt und bekannt habe, welchen der leidige Papst und alle Gottlosen verfolgen ... O himmlischer Vater, ob ich schon diesen Leib lassen und aus diesem Leben hinweggerissen werden muß, so weiß ich doch gewiß, daß ich bei dir ewig bleibe, und aus deinen Händen mich niemand reißen kann. – Also hat Gott die Welt geliebet usw." – Die Worte, die er in den letzten Stunden am häufigsten wiederholte, waren: „Vater, in deine Hände befehle ich meinen Geist! Du hast mich erlöset, du Gott der Wahrheit!" („Pater, in manus tuas commendo spiritum meum! Redemisti me, Deus veritatis!") Mit einem deutlichen *Ja!* antwortete er, als Jonas und Cölius ihn fragten: „Ehrwürdiger Vater, wollet Ihr auf Christum und die Lehre, wie Ihr die gepredigt, beständig sterben?" – Dies *Ja* war sein letztes Wort auf Erden, in den ersten Stunden des 18. Februar 1546. –

Auf dem Bilde knieen seine zwei Söhne neben dem sterbenden Vater; sein treuer Freund und Begleiter Dr. Justus Jonas richtet die letzten Worte an ihn; Magister Michael Cölius betet um die Erhaltung des teuern Lebens; der Diener Ambrosius ist hinausgegangen, Johannes Aurifaber hält die Lampe, der Arzt Simon Wild aus Eisleben die unnütze Arzneiflasche in den Händen; rechts stehen Graf Albrecht von Mansfeld und seine Gemahlin, um derenwillen der müde Kämpfer die beschwerliche Winterreise unternommen hatte. – Unten kniet Meister Lukas Fortenagel aus Halle am Sarge des Entschlafenen, dessen Bild er malen will. – Oben steigt der von Huß prophezeite Schwan als Phönix aufs neue aus den Flammen empor. –

XLVIII

Luthers Begräbnis

Doch einmal stehen wir vor unserm Luther in Wittenberg; aber der beredte Mund schweigt, das Auge ist gebrochen, das er einst gegen Kaiser und Reich, gegen Papst und Kardinäle mit heiliger Zuversicht aufschlug; er schweigt nun für immer in der Kirche, an deren Türe er vor dreißig Jahren ein welterschütterndes Wort geschrieben hatte. Im feierlichen Zuge hatten sie, aus des Kurfürsten Befehl, seine Leiche von Eislebens hieher geführt, um ihr in der Schloßkirche eine Ruhestätte zu bereiten. An seinem Sarge steht der Freund, der seit achtundzwanzig Jahren an der Seite des Entschlafenen unermüdlich mitgekämpft hatte, Melanchthon. Schon am Morgen des 19. Februar hatte er, von der Todesnachricht niedergebeugt, in seinem Hörsaale das Zeugnis der Geschichte und der protestantischen Weltanschauung in wenigen bedeutenden Worten über den Entschlafenen ausgesprochen: „Nicht durch menschlichen Scharfsinn ist die Lehre von der Vergebung der Sünden und dem Glauben an den Sohn Gottes entdeckt worden, sondern sie ist uns von Gott geoffenbart durch diesen Mann, den er erweckt hat" – Auch am Begräbnistage ergriff er, nachdem Bugenhagen gepredigt hatte, noch einmal das Wort, um das Werk des Dahingeschiedenen in seiner wahren Bedeutung zu würdigen: „Nicht in aufrührerischen, ungestüm verbreiteten Meinungen besteht seine Lehre; vielmehr ist sie eine Darlegung des göttlichen Willens und wahren Gottesdienstes, eine Erklärung der heiligen Schrift

und eine Predigt des göttlichen Wortes, nämlich des Evangeliums Jesu Christi." – „Nun ist er verbunden mit den Propheten, von denen er so gerne sprach; nun heißen sie ihn willkommen als ihren Mitarbeiter und danken mit ihm dem Herrn, der seine Kirche sammelt und erhält!" –

Schon viermal wurde das Säkularfest seiner Geburt gefeiert; aber noch immer harrt Deutschland und die deutsche evangelische Kirche vergeblich auf einen zweiten Luther – Vielen war es gegeben, einzelne Seiten seines großartigen Wesens in gleichem oder höherem Grade herauszubilden; aber wo fand sich zum zweiten Male jene unerschöpfliche Tiefe des Glaubens mit derselben hinreißenden Macht des volksmäßigen Wortes, mit derselben Felsennatur des Willens und der Tatkraft zusammen? wo diese selige Vertiefung in Gott mit dieser Herrschergewalt über die Welt? wo diese Vereinigung von Eigenschaften, deren Vereinzelung seit Jahrhunderten das Erbübel der Deutschen geworden? – So fragen wir heute noch am Grabe des deutschen Reformators. –